JN411528

백무동 골짜기에

아직도

물레방아가 있을까

백무동 골짜기에 아직도 물레방아가 있을까

이옥자 에세이

생각나눔

책을 내며

한 편의 수필을 쓸 때마다 '앎'보다는 '느낌'으로 그 자체가 되려고 하였습니다. 이웃들은 아직도 책 한 권 못 발간했느냐고 고개를 갸우뚱했지만 참으로 어려운 일인 것 같습니다.

사실 지금 저는 너무나 고맙고 감사해야 할 시간입니다. 글감이 되어준 시어머니, 친정아버지, 어머니, 그리고 이웃들….

평범한 삶의 편린들을 모아 행복한 아줌마로 살고 있음을 새삼 느낍니다. 책을 내는 일은 수많은 생각과 감정, 습관을 글 속에 모아 놓고 스스로 바라볼 수 있는 또 다른 눈을 갖게 해줍니다.

제 수필은 제주의 돌담입니다. 큰 돌 사이에 작은 돌이 균형을 잡고 그 사이로 바람이 넘나드는데, 저는 작은 돌이라 잘 보이지 않지만 아주 필요하다고 감히 말씀드립니다.

어쩌면 우리 모두 그렇게 살고 있지 않을까 생각합니다.

제가 다니는 직장에 근로장애인들과 신년인사에 책을 내고 싶다는 꿈을 이루겠다고 약속했었습니다. 약간 무리는 있었지만, 약속을 지키려고 노력하였습니다. 덕분에 많이 부끄럽지만 등단 10년 만에 인사드립니다.

수필집답게(?) 만들어 주신 출판사, 정훈 평론가님, 안정업 시인 등 여러 사람의 도움으로 탄생하게 되었습니다.알찬 글 쓰려고 노력하겠습니다. 늘 문운을 빌어주신 문우님들 감사합니다.

딸이 글 쓰는 것을 무엇보다도 기뻐하실 친정아버지께 이 책을 드립니다.

감사합니다.

2018년 1월

이 옥 자

목차

봄

여름

가을

겨울

발문

봄

입춘대길 / 백무동 골짜기에 아직도 물레방아가 있을까 / 비채의 변명 / 설렘 / 축복 / 수학여행 / 텃밭을 가꾸며 / 총선 후에 / 차를 누리는 기쁨 / 막둥이 / 값을 알 수 없는 오월에게 묻다 / 우주에게 묻다 / 경주에 빠지다

입춘대길

드디어 남쪽 가지에 봄소식이 깃들었다. 매화는 전령사의 임무를 책임지느라 '퐁퐁' 꽃망울 터트리는 소리가 귀를 쫑긋 세우게 한다. 감귤파동과 악천후 날씨로 고단했던 심신을 툭툭 털고 마음 문 열고 꽃향기를 코가 아니라 눈과 귀로 느끼기 위해 나섰다. 세상에 ~ 아무리 엄동설한에 피는 꽃이라 하지만, 대한민국의 봄은 서귀포 바다로부터 열린다 했지만 곳곳마다 매화향연이 펼쳐지고 있었다. 지구온난화에 예측불허의 날들 속에 시절인연은 물처럼 흐르고 있었던 것이다. 옛날처럼 집안에서 대소사를 치르는 것도 아닌데 시간을 무엇 하면서 보냈는지 허둥지둥 바쁘기만 하였다. 마땅히 해놓은 일 없이 시간만 탓하고 있다. 어리석은 마음 길 위에 내려놓고 봄맞이해야겠다. 지난 일은 좋은 경험으로 삼고 입춘이 되어 따스한 기운이 모두에게 감돌아 그 좋은 기운으로 경사가 많으면 참 좋겠다. 세계 최고의 부자 '스티브 잡스'는 병석에서 이렇게 말했다.

"세상은 모든 것을 한꺼번에 주지 않으니 참 공평하다. 모든 분이 어떤 길을 선택해도 후회 없는 삶이 되기를 기원한다. 평생 배 주리지 않을 정도의 부만 축적되면 더이상 돈 버는 일과 상관없는 다른 일에 관심을 가져야 한다."

삶의 기쁨을 오로지 일에 두어 '애플'로 세상을 뒤집은 스티브 잡슨은 왜 그런 말을 했을까? 며칠 전 영화를 보면서 마음이 우울했다. 우리는 일과 휴식을 적당히 분배해 쓸 줄 알아야 멋있는 사람이라 한다. 죽으라고 일만 했을 것 같은 우리 조상들도 삶을 땅 같고 그 땅 위에 풀잎 같고 나무 같고 소 울음 같고 골짜기 냇물소리 같게 살았다.

힘들었던 일, 무거운 짐 내려놓고 이 봄, 나를 세워야겠다. '격랑 뒤에 평화가 찾아오며 기쁨이 고뇌 앞에 있을 수 있는 것'이라 했다. 인생은 변화이다. '힘이 부치거든 더 힘든 일을 해야 하는 법'이라 했다. 그래야 힘은 쓸수록 더 솟아난다는 이론이다. 지금 우리가 힘든 것은 좋은 뜻이 있을 것이다. 분명 더 좋은 일이 생길 것이다. 그런 믿음과 확신을 가지고 하늘을 향해 더 크게 웃어야 한다. 네 삶의 그림 어디에 속하는지 많은 세월이 지난 다음에야 알 수 있다고 하였다. 두려움, 분노, 슬픔과 같은 부정적인 감정이 정화되면 내면 깊숙한 곳으로부터 위대하고 아름다운 영혼이 있음을 발견하게 되는 것이라 하였다. 병신년(丙申年), 나이 먹고 점점 초라해져 밴댕이가 되어가는 나는 만 가지 소리로 가득 찬 마음의 소리를 제대로 듣기 위하여 더 기도하고 정진해야겠다. 잠시만 방심하면 갖가지 게으름과 탐욕, 부패, 절망, 열등감, 분노가 누룩처럼 부풀어 오르지 않게 해야겠다. 얼굴빛을 바르게 하고 이웃에게도 감사하는 마음을 갖도록 늘 좋은 기운을 만들도록 노력할 것이다.

매화 옆에 복수초가 말을 걸어온다.

"제 친구들은 눈 속에도 끄떡없이 당당하고 예쁘게 피어요. 살아 있는 것들은 살아 숨 쉬는 사실만으로도 신의 은혜를 입은 것이랍니다. 하물며 사람은 정말 대단하답니다."

아! 그래, 기쁘게 살자. 좋은 일이 이루어지는 것은 내가 너그러울 때이다. 그것은 즐겁게 일이 진행되었기 때문일 것이다. 이웃들이 입춘대길하길 간절히 기원한다. 휴일에 몇몇 사람에게 연락해 봄 마중 가야겠다, 매화 만나고 오는 길에 차 우려 친구들과 나누려고 몇 송이 따왔다. 매화도 선물이라며 흔쾌히 허락했다. 식물은 우주에 뿌리를 내린 감정이 있는 생명체라 한다.

백무동 골짜기에 아직도 물레방아가 있을까

살랑살랑 봄바람 일기 시작하면 열병이 도진다. 가고 싶고, 보고 싶은 절절한 그리움의 목마름, 그게 열병의 시초다. 그런데 올해는 몇 번씩 열병을 앓았다. 천지라이온스 부인회에서 지리산 온천여행 이야기가 오가면서 마음은 벌써 풍선을 타고 지리산 백무동과 뱀사골 골짜기를 누비고 있었다.

이십대 초반, 지나치게 폐쇄적이고 염세주의적 사고에 빠져 도무지 산다는 것이 죽음보다 의미가 없었다. 약국을 전전하며 수면제를 사 모았다. '어떻게 죽을 것인가?' '술에 청산가리를 타서 먹을까?' 생각은 온통 죽음밖에 없었다. 우연히 한라산 고사리 사러 오신 지리산 고사리장사 할아버지를 만나게 되었다. '경남 함양군 마천면 덕전리 송알부락' 일곱 가구가 옹기종기 모여 사는 지리산 자락으로 들어섰다. 누우면 도랑물 돌돌거리는 소리가 두고 온 인연들이 아프게 했다. 어쩌다 사람이 그리우면 마천까지 걸어 마실 다녀왔다. 산을 이고 사는 화전민들은 일부러 불을 내어 밭을 일구고 산나물 캐어 삶을 챙겼다. 그곳에 물레방아가 있었다. 다슬기 잡으러 냇가에 갔다가 발견하고는 어느 신대륙 발견한 사람처럼 놀랍고 신기해 탄성을 질렀다. 틈만 나면 물레방아를 찾았다.

'나도향의 물레방앗간'을 그려보며 가슴에 물기가 촉촉하게 차오르는 설렘을 즐기고 있었다. 저 혼자 돌리던 물레방아도 인기척에 신이 났는지 내가 가면 한층 소리를 키웠다. 지천에 주전부리로 가득했다. 돌나물을 야생풀쯤 하찮게 여겼는데, 고추장과 참기름에 쓱쓱 비벼 비빔밥 먹으면 세상 부러울 것이 없었다. 김치, 겉절이, 냉국 맛 또한 놀라웠다. 진달래 술 담그고 화전 부치고, 쑥 뜯어와 부침개에 막걸리 한 사발은 염세주의적 사고를 우습게 만들었다. 가을엔 잣을 몇 마대 수확했는지 모른다. 지리산 허리에 잣나무는 먼저 점령하는 자가 주인이었다. 무료한 날엔 발이 아프도록 뱀사골과 백무동 계곡을 누볐다. 그리고 꽃을 따 냇물에 띄워 놓고 멋대로 달리기 내기를 하곤 하였다.

스물세 살의 봄은 그렇게 익어갔다. 그래도 몇 할은 죽음의 끈을 놓지 못하고 있었다.

어느 날, 광주에서 온 언니 배웅해주러 남원 다녀오는 길에 냇가 가로질러 뚝뚝 던져 놓인 돌다리를 보았다. 신기해 건너 가보니 신라고찰 '실상사'였다. 보광전 앞뜰 몇 아름 되는 자목련이 봄비에 젖고 있었다. 마침 내가 간 날은 봄비 온 뒤라 봄바람에 툭툭 떨어져 내린 붉은 꽃봉오리가 피를 토하는 것 같았다. 오랜 세월 꽃피고 새순 틔우고 초록이 무성해 그늘 되고 단풍 들며 한결같이 사람들에게 기쁨 주었을 노목을 보며 운명처럼 짐을 풀었다. 논 가운데 대나무 숲으로 둘러쳐진 절엔 해우소에 가면 밑이 안 보였다.

일 본 후 재를 뿌리고 쌓인 줄 모르게 퍼다가 거름으로 사용했다. 단청 입히지 않은 보광전 맑음은 아름다웠다. 뜰에 탑, 연못, 나한들이 가득 찬 명부전, 풍경 고운 극락전, 철불여래좌상이 모셔진 약사전, 늘 찰랑찰랑 차가운 물이 넘쳐나는 샘물가, 뒤켠의 달맞이꽃 군락, 대나무 숲의 속삭임, 논에서 개구리 합창까지 나를 들여다보게 하였다. 논 가운데 있는 절이라 매몰위기에 있어 천일기도 중이었다. 새벽 세 시 이십 분이면 일어나 덜 떠진 눈을 비벼가며 찬물에 물방울만 묻히고 부지런을 떨어야 했다. 보광전, 약사전, 명부전, 극락전 다기에 물 얹고, 촛불 켜고 향 사르면 도량을 돌고 오신 스님께서 깊고 분명하신 목소리로 새벽 예불하신다. 나는 허물투성이인 마음 상처들이 소독하는 것처럼 시원해지는 것이었다. 가끔은 쏟아지는 잠 때문에 촛불에 머리 태우기도 하고 탑돌이에 헛디뎌 연못에 빠지기도 했다. 무안해하는 내게 스님은 '가시나무에 걸어져 있어도 잠이 쏟아질 나이지.' 하신다. 효험 좋은 약사여래 님 덕분에 실상사는 아픈 사람들 수양행렬이 늘 이어졌다. 요사채 보살님과 시자인 나는 부엌에서 헤어나질 못했다. 처음엔 아무것도 할 줄 모르는 숙맥이었다. 풀 곱게 쑤어 이불과 장삼에 풀 먹여 널고 손질하며 씨 뿌려 잡초 뽑고 벌레 잡는 일, 감으로 식초 담는 일까지 끝이 없었다. 일상이 바쁘니 죽음과 자연히 멀어졌다.

지리산 가다가 하룻밤 묵고 가는 객 스님들 입담은 얼마나 귀를 쫑긋하게 하는지 취침시간을 어겨 큰스님께 야단도 맞았다. 송광사 농사감독 홍산 스님과 불일암의 법정 스님을 만난 인연으로 몇 번 법정 스님 뵙고 해탈차를 마신 기억이 생생하다. 차츰 감히 '이뭣고'가 무엇인지 안개 속을 헤집고 나오는 순리를 깨닫고 있었다. 그래도 가끔 심술과 투정을 부렸다. 다정한 신혼부부가 오면 마당청소 한다고 먼지 풀풀 날리며 법석 피우고 차 내오라 하시면 뜨겁게 해 스님 난처하게 만들고 민물고기 몰래 먹고 배탈 나 골방에 며칠 벌서기도 했다.

부처님 말씀을 공부하지 않아도 공부가 되었으며 사색하고 번뇌하며 기쁨이 무엇인지, 삶이 무엇인지 눈 뜬 '일레 강아지'를 만들어주었다.

불혹 속에 있으면서 내가 이만큼 살아갈 수 있는 것은 스물세 살 한해를 함께 했던 인연 덕분 아닌가 싶다.

결핵 앓고 있던 청암 스님의 맑은 독경 소리, 비탈을 탈 때마다 손 내밀어 주신 혜광 스님, 친구가 되어준 윤 거사님께 '바람 편에 안부 전합니다. 더불어 잘살고 있답니다. 가끔 그곳 소식을 접하면 눈물이 납니다. 제 마음엔 언제까지나 여전히 징검다리와 해우소 대나무 몸 비비는 소리와 개구리 합창, 달맞이꽃밭이며 자목련이 있습니다. 제 뜰에 다 들여놓고 삽니다.' 예쁘게 늙어 가고 싶습니다.

비채의 변명

여행은 박하향의 껌을 씹는 느낌이다.

쓸데없는 것들로 꽉꽉 채워진 마음을 비우고 오월 솔바람을 담아 상큼, 발랄하게 일상으로 복귀하고 싶었다. 초록이 바다를 이루고 더위는 고삐를 풀었다. 동 부녀회장 십 년 모임 첫 나들이라 무더위쯤 안중에도 안 두었다. 파마하고, 옷은 물론 신발, 가방까지 새로 장만해 나선 촌부의 아낙들은 발그레 상기되고 꽃처럼 예뻤다. 남편과 아이들 건사에 농사일, 집안일을 잠시 내려놓고 나를 위한 시간을 만드는 일이 쉽지가 않았다. 여행계획은 두 달 전부터 짜고 수정하기를 몇 차례 걸쳤다. 배낭을 메고 등산화를 신고 관악산부터 올랐다. 평소 '연주암' 도량이 궁금했던지라 내가 좀 우겼다. 땀 목욕하며 오른 바위산 산사에 줄 서서 비빔밥으로 허기를 달랜 후 마음의 때도 한 꺼풀 벗겼다. '쥐띠 다락방' 친구들 길라잡이 덕분에 미로 같은 등산로를 헤매지 않고 쉽고 가볍게 하산할 수 있었다. 토요일 저녁 밀리는 차량은 난리 중 피난 행렬 같았다. 승합차에서 옷 갈아입고 연극 볼 준비 되었으나 시간은 '고팡'의 생쥐 같았다. 예의나 격식을 필요로 하는 연극관람은 시간 늦으면 입장이 안 된다며 시간엄수를 당부받았는데 동동거릴 수밖에 없었다.

다행히 극단에 일하는 조카 덕분에 닫힌 문 열고 고양이처럼 잠입해 '세상에서 가장 아름다운 이별'을 볼 수 있었다. 유명한 연극배우를 코앞에서 볼 수 있는 것이 연극보다 더 인상적이었다. 그런데 연극이 절정을 달릴 무렵 서두르느라 볼 일 못 본 일행 중 셋이 화장실 갔다. 어머나! 극장으로 다시 들어갈 수 없다는 직원의 엄숙한 경고에 제주도 운운, 조카 인연까지 들먹이며 아양 떨었지만 결국은 퇴장당했다.

대학로를 걸었다. 젊음이 파도처럼 출렁이고 있었다. 내게도 젊음이 있었을까? 물 만난 고기들의 싱싱함과 팔딱임이 보기가 참 좋았다. 잠시 그들과 섞이는 것도 신났다. 숙소는 청평리조트라 어둠을 헤치며 달려도 마냥 호호 하하 기뻤다. 다음 날 '아침고요수목원'을 찾았다. 자분자분 내리는 비에 물소리, 바람 소리, 새소리와 우리들 가슴 울림까지 어우러져 마음엔 우주를 들여놓은 기분이었다. 제주에서 보지 못한 꽃들이 지천에 잔치를 벌이는 것 같다고 입을 모았다. 강원도 '대금굴'을 보기 위하여 여섯 시간 달렸다. 도중에 정동진 '모래시계'와 '해신당'을 만났다. 해신당에서 남근석을 너무 많이 봐서 멀미난다고 깔깔거렸다. 대금굴 가장 가까운 곳에 숙소를 예약했다. 월요일이라 인적 끊기고 폭포처럼 내리는 물소리는 천둥소리처럼 들렸다. 아홉 시 넘어 도착한 숙소에 무서워서 꼼짝할 수 없었다. 마지막 밤은 맛있는 음식에 가무도 곁들이자는 계획은 무너졌다. 겨우 사정해 숙소 남은 밥과 찌개로 시장기 정도 해결했다.

덕분에 사는 이야기 펼쳤다. 암 선고로 힘겨웠던 일. 작년 하우스 귤 풍작에 팔았던 밭을 산 일. 남편. 아이들. 시댁 일까지 풀어 놓은 보따리는 요술처럼 자꾸만 커졌다. 우리네 삶은 비우고 채우기를 잘해야 지혜로운 생활이 될 것이다. 지혜는 언어와 문자 지식과 학식을 떠나 언제나 존재하는 본성, 즉 삶에서 얻어지는 것이라고 본다. 마음 밭을 잘 가꾸는 사람은 우주가 다 들어와도 넘치지 않고 못나게 쓰면 바늘 하나 세울 데가 없는 곳이 되고 만다. 우리는 중년을 흔들림 없고 자유로우며 품위 있게 살자고 다짐했다. 수첩을 꺼내 '신달자'님의 좋은 글을 낭송했다.

'인생은 너무 눈부시게 살 필요는 없다. 내용이 들어 있는 삶을 살아가면 되는 것이다. 그것은 결단코 남과의 비교에서 오는 것이 아니라 자신이 느끼고 자신이 만들어 가는 것이다. 그렇게 스스로 만들어 살아가고 어딘가 빛을 만들며 사는 일, 그것이 아름다운 삶이라 할 수 있다.'

비채의 여행은 풀도, 나무도, 사람도 푸르렀다. 하하. 호호. 깔깔 박장대소하며 때론 아픔을 나누며 행복을 공유했다. 그렇게 여행은 배터리가 동이 난 우리를 충전시켰다.

설 렘

휴일이다. 새벽잠을 털고 나섰다. 올레길이 입소문 자자해지자 사람들은 올레로 몰려들기 시작했다. '건들건들', '쉬멍쉬멍', '새경도배리곡', '허천드래도보곡', '놀멍 쉬멍 걸으멍', 그렇게 휴일을 소일하고 싶었다.

어머니 말씀에 의하면 "올레 긴 집이 양반집이여! 보름도 덜 들어오게 허곡 질레 댕기는 사름덜도 배리지 못허게 허잰 헌거여." 와! 그렇게 깊은 뜻이 있었구나 싶었다. 쇠소깍 아침은 파도 소리가 달랐다. 「해에게서 소년에게」의 '철썩철썩 척 쿠르릉 콰앙'하고 봄을 알리는 전주곡 같다. 어머! 그러고 보니 제비꽃도 활짝 피었다. 유채도 꽃대를 올렸다. 매화봉오리도 금방 터질 듯 봉긋하다. 갯노물 동지 꺾어 한 입 쓰읍 깨무니 봄이 단물처럼 번진다. 확실히 봄은 해풍에 실려 오는가 보다. 봄 채비에 분주한 해안가와 하얀 눈 가득한 한라산의 조화가 매혹적이다. 오늘은 산 벌른 내 속살조차 훤하다. 아! 그렇다. 해안에서 중산간 거쳐 한라산 중턱까지 올레길 열면 참 근사하겠다. 테마가 있는 올레길을 만드는 것이다. '반디올레, 풍류올레, 명상올레, 철학올레, 바람올레, 시의 올레' 등 정말 근사할 것 같다. 반디올레는 해안 올레길 같이 몇 시간씩 걷는 것이 아니다. 저녁 먹고 검불리듯 나서서 풀꽃을 만나고 그 속을 날고 있는 반딧불이 보는 것이다. 여름 저녁은 해 기울고도 한참을 걸을 수가 있다. 약간 어두우면 어떠랴. 하늘타리, 개요등, 사위질빵, 으아리와 막 패이기 시작한 억새꽃, 달팽이, 거미, 개미, 잠자리, 매미를 만날 수 있다. 어느 땐 바로 가까이 피어 있는 꽃들도 그냥 지나칠 때가 많은데 향기로 말을 건네오는 풀꽃을 만나게 된다. 조용히 꽃을 바라보고 있으면 그 속에 내가 있다. 이보다 더 설레는 일이 어디 있을까? 동백 알이 여물어 패이기 시작하고 늦털 매미 소리가 한층 드높아질 즈음에 반딧불이는 사랑의 빛을 보낸다. 교미와 먹이 포식을 위하여 빛을 내는 발광 곤충으로 딱정벌레목 반딧불이과에 속한다. 남극과 북극을 제외한 전 지구 상에 2,000여 종이 서식한다. 유충 때는 달팽이와 다슬기 먹고 성충이 되면 이슬만 몸으로 먹으며 약 보름 정도 살다가 간다. 암컷은 날개가 퇴화하고 수컷이 빛과 성페로몬 교신을 보내 사랑이 이루어진다. 어릴 적 호박꽃에 싸서 이마에 붙여 동네 아이들과 잡기놀이하며 여름저녁을 보냈던 추억의 곤충이다. 인공 불빛으로 급격히 개체 수가 감소하고 있다. 청정한 자연환경 속에서만 사는 환경지표 곤충이다. 서귀포시 예래천이 서식지 1호로 지정되어 있지만, 관리가 안 되고 있다. 안타깝다. 몇 년 전에는 예래천, 비자림, 자연휴양림에 하늘의 별만큼 있었다. 기후의 온난화, 농약 살포, 소음, 대낮 같은 불빛으로 인하여 정서적이며 환경적인 곤충이 설 곳을 잃어가고 있다. 태고의 청정함을 자랑하는 제주가 가슴에 손을 얹고 생각해 봐야 한다. 자연은 제주의 생명줄이다. 여름과 초가을 저녁, 올레와 들녘에 반디별이 날고 있는 모습을 볼 수 있다면 참 근사할 것이다. 가슴이 벅차다. 자연환경이 관광 상품 되면 돈이다. 반딧불이로 환경축제를 여는 전북 무주군과 경북 영양군을 보며 신줏단지 모시듯 하는 이유를 짐작하고도 남는다. 홍보 부족인가? 생태공원을 조성하고 얼마 지나지 않아 산책하던 시민이 나무에서 이상한 냄새가 난다고 베어달라는 제보에 고민도 없이 그 나무를 잘랐다. 뒤늦게 안 우리는 신문에 고발하고 담당자의 사과를 받아냈지만 이미 잘린 나무는 어쩔 것인가? 자연이 아프다는 소리를 듣지 못하는 행정이나 시민이나 제 목소리만 키우고 있는 느낌을 받는다. 생명이 있는 존재를 대한다는 것은 에너지를 교류하는 것이다. 더불어 살아가야 한다. 자연 속에 인간이 살아야지 인간 속에 자연을 두려는 이기심 때문에 탈이 나는 것 같다.

제주의 올레가 급부상한다. 지리산 둘레길, 소백산 둘레길, 부안, 변산 마실 길이 움직인다. 자연에 안겨 쉬고 싶었기 때문이다. 우리도 자연을 쉴 수 있게 하여야 한다. 비 오면 우산을 쓰고, 따스하고 쾌적한 날엔 가벼운 차림으로 나서서 나뭇잎 흔들리는 소리, 새가 지저귀는 소리, 풀벌레 소리, 살갗을 스치는 실바람 소리, 시냇물 소리 풀과 나무를 흔드는 바람 소리. 그러한 느낌으로 인해 심신의 평화를 찾자. 설레는 가슴을 느끼자. 우리는 꽃처럼 피어날 것이다.

모두가 너무나 바쁘지만 가끔은 흔들흔들 살면 깊숙한 곳에서 천천히 올라오는 기쁨이 촉촉할 것이다. 나는 단비에 젖는 풀잎 같다. 쑥쑥 나를 키우고 푸르게 전진하겠다. 해풍에 실려 온 봄이 내 마음을 훔쳤다.

축 복

푸름이 면사포 같은 아지랑이를 쓰고 시나브로 오월이 익고 있다. 겨울 같던 엊그제의 봄, 부챗살처럼 퍼지는 햇살 재간을 도저히 당할 수 없는지 매운바람은 슬며시 꼬리를 감췄다. 포근한 이불 속이 새벽마다 유혹했지만, 열정이 한 수 위였다. 약천사에서 올봄 새벽 기초교리 공부교실 열었다. 서귀포 불교대학 19기로 졸업, 아직은 따끈한 열기가 있는 터라 새벽 교리공부한다는 메시지를 기다렸다는 듯 몇몇이 의기투합했다. 열정만 앞선 중년들은 교리공부 마치고 돌아서면 '무엇을 배웠지?' 하며 아리송하다가 며칠 후면 깡그리 날려버리기 일쑤였다. 하지만 배우며 알아가는 기쁨은 지극정성하였다.

머리맡에 자명종 준비해두고 새벽 4시면 칼같이 일어났다. '새벽의 아름다움은 새벽을 맞이하기 위해 깨어 있는 사람들만의 것이다.'라고 주문 외우듯 자신에게 다짐했다. 어둠이 아직도 진한 경내로 들어설 때 울리는 범종 소리는 '여기가 극락'이라는 느낌을 받는다. 극락은 결과가 아니라 과정에서 마음으로 얻을 수 있기 때문이다. 스스로 구하고 즐겁게 일하고 그래서 죽어서 가는 곳이 아니라 살아서 가는 곳이 극락이 아닌가 싶다. 새벽예불에 참여한 후

공부에 들어가면 내가 뿌듯해진다. 주지 스님의 막힘없는 강의를 졸았다가는 예의가 아니었다. 변화는 끊임없는 노력이 있어야 한다. 반야심경, 천수경, 관음시식, 화엄시식, 나한전 사시불공까지 한 달여에 걸친 강좌를 무사히 마치고 회향했다. 무조건 외우려고 안간힘 쓸 때는 힘들기만 하더니 뜻을 이해하면 마음이 편안해졌다. 비웠을 때 메아리가 울리는 것처럼 사람도 비워야 다시 채울 수 있다는 것을 새삼 가슴에 새겼다. 스님께서는 '몸은 법을 담아내는 바가지와 같으므로 절을 하며 죄를 쏟아내야 한다.'라고 강조하셨다.

공부 도중, 환희심만 있었던 것은 아니다. 집안 대소사로 늦게까지 일하다가 새벽 책상머리에 앉으면 유쾌한 스님 목소리도 자장가 되었다. 단박에 지적하시며 쥐구멍을 찾고 싶게 하셨다. 스님이 야속해, 도반들에게 미안해 도중하차할까 고민하기도 했다. 도반 가운데는 포교사들도 꽤 있었다. 경전을 섭렵한 분들이 웬 공부냐고 의아해했더니 한 포교사는 "이런 축복은 감사의 그릇이 준비된 사람에게만 주어지는 선물이다."라고 한다. 신심 깊은 부처님 제자들의 답은 이렇듯 향기가 나는구나! 부러웠다. 나는 어느 만큼 정진하면 지혜로운 사람이 되어 지혜로운 답을 줄 수가 있을까? 싶었다.

이처럼 작은 것에 기뻐하고 감사하는 사람에게 축복은 찾아든다. 축복을 받으려면 먼저 감사하는 태도를 지니고 마음의 문을 열어야 하는 것은 자명한 이치라 본다. 약천사 새벽 교리 공부는 10여 명의 법우님이 동참했다. 부처님 가르침을 배우는 것은 큰 행운이었고 부처님 오신 날 밝힐 연등 작업도 선택받은 일처럼 기쁘고 행복했다. 스님 칭찬받으며 연잎 비빌 때 나는 소녀가 되었다. 지금 약천사는 천일기도 중이다. 하안거 결제에 입제해 며칠 되지 않았지만 동참해 기도한다. 주지 스님은 '초발심자경문'으로 새벽 교리강좌를 다시 시작하셨다. 나는 요즘 작은 먼지에도 우주에 진리가 존재한다는 것을 조금 알게 되는 것 같다. 솔바람 부는 오월, 공부하는 도반들과 '적적요요본자연(寂寂寥寥本自然)'- '고요하고 고요함은 본래부터 그러하다.'라는 가르침을 함께 나누고 싶다.

수학여행

여고 시절 우리는 창밖의 흐르는 빗방울 소리 듣는 것, 찬란히 빛나던 별 하나 내게로 와 속삭이는 말, 일렁이는 물, 낙엽이 구르고 밟히는 소리 모두가 우리 마음이고 사색이며 웃음이었다. 삶이 충만하여 감동도 행동도 차고 넘쳤다.

살면서 하나씩 잃어가고 다른 것을 얻어갔다. 그렇게 30여 년을 자신의 내면에 있는 아이와 균형을 맞추며 살지 못하고 남들과 비교하고 관계의 덩어리에서 떨어지지 않기 위하여 분주했다. 그리고 지치면 부처님을 찾았다. 자꾸 요구하고 욕심내었다. 정성이 지극하지 않으면 정성이 없는 것인데, 하늘이 감동할 만한 그 어떤 일도 안 하고 하늘이 응답해주기만을 기다렸다. 통장에 잔고가 없는데 돈을 찾을 수 없는 것이나 마찬가지 이치를 짐짓 모른 체하고 있었던 것이다. 다른 사람이 아니라 나 자신이 감동할 만큼 정성스러워야 열매가 맺는 법이다. 백일기도 중이다. 웬만하면 출타하는 일은 삼가려고 마음먹고 있는데 여고 시절 벗들이 꼬드겼다. 가을 억새처럼 흔들렸다. 요즘 중·장년이 대세란다. 더 늙기 전에 여고 시절 친구들과 그때로 돌아가고 싶다는 이유가 지배적이다. 아하! 삶이 여유로워진 대신 가슴은 외로워졌나? 우리 모두가 그런 것인가?

떠나는 날 새벽 예불에 '내일은 향일암에서 부처님 뵙겠습니다.'

가을비가 자분자분 내렸다. 며칠 전부터 가방 점검을 거듭했다는 친구 말에 폭소하고, 베레모 쓴 몇몇 멋있는 친구 부러워 모두 베레모 쓰자고 또 깔깔거리며 별로 웃기지도 않는 일에 배꼽을 잡았다. 35년 세월이 무색하게 그때 선생님들, 친구들 야담으로 대형버스가 들썩일 정도이었다. 어깨동무해 노래 부르고 길을 걷고 맛있는 것을 서로 나눴다.

시월 초부터 감기 중이던 나는 기침하고 코 풀기에 바빴다. 떡 본 김에 제사 지낸다고 '관세음보살님 도량에 왔으니 기도나 해야지.' 향일암에 관세음보살님은 여전하신데 찾는 나는 매번 마음이 다르다. 욕심내지 않으려 하였다. 감정이 약한지라 끊임없이 솟아나는 감정에 끌려다니지 않게 할 수 있도록 담금질하였다. 나이가 들어도 순수한 본성을 지니고 나의 뇌가 기쁨을 느낄 수 있게 사랑과 격려를 담은 메시지 받기를 기도했다. 친구들은 껴안고 비비고 깔깔거리는 모습을 렌즈에 담기 바빴다. 우리는 사랑하며 여행하고 그것을 담았다.

1박 2일의 바람, 햇살, 비, 구름, 몸짓, 웃음소리를 우리는 오래 기억할 것이다. 그것이 우리의 여행이다.

'이틀 동안 우리는 주부가 아니라 학생이다.'라며 집은 깡그리 잊기로 했는데 돌아갈 시간이 다가오자 여수의 돌산 갓김치 생산지로 몰려가 반찬 고르기에 중년의 주부가 되었다. 배움과 경험을 함께한 우리는 영원한 벗이다.

우리는 자신의 몸과 잘 놀았다. 사람과도 잘 놀았다. 잘 노는 것이 힐링이다.

세상에서 가장 좋은 때는 지금이고, 나에게 가장 중요한 사람은 지금 나와 함께 있는 사람임을 우리는 여행을 통해서 느꼈다.

텃밭을 가꾸며

'공기와 물과 햇빛처럼 땅 또한 신의 선물이다. 모든 사람이 그 땅에 대해 공평한 권리를 가져야 한다.' '만트라(진언)'이다.

15평 남짓한 텃밭을 내 소유라고 생각해 본 적이 없다. 시어머니가 살아 계실 때에 가꾸며 야채즙 거리가 아직도 건재해 있는 치커리, 신선초, 머위, 한쪽에 배추, 상추, 깻잎, 무를 심었다. 겨우내 굳어진 흙을 괭이로 파서 골을 내고 밑거름해 두어 시간 땀을 흘리고 등을 펴니 보기 좋게 텃밭이 정돈되었다. 樂으로 심고 가꾸면 누구든지 먼저 손가는 사람이 임자 되면 그만이다. 싹이 돋아나기 전까지 매일 들락날락 물 부지런히 주었다. 빼곡히 얼굴 내밀었다. 파르르 떨 듯이 생명을 내민 녀석들 솎아내기가 미안스러워 그냥 두었더니 삽시에 달팽이가 점령해 몰살시키고 말았다. 이 무슨 자연의 섭리란 말인가? 야속했다. 속상해 한 달을 방치해 두었다. 잡초만 의기양양 신났다. 다시 오일장에서 고추, 호박, 오이, 가지 모종을 사왔다. 북을 올리고 지지대를 세우며 녀석들에게 소근거렸다. '매일 안부를 묻지. 덩굴손이 자라면 곁순도 따주고 영양분 섭취하게 하고 줄기도 흔들리지 않게 잘 묶어 줄게. 정말이야!'

한 번의 실수를 거울삼아 두 번의 어리석음은 범하지 않겠다고 다짐을 둔 것이다. 비료와 잦은 비 날씨에 하루가 다르게 덩굴손은 키를 키워 갔다. 귤나무까지 감고 올랐다. 그리고 꽃이 피고 열매가 맺혔다. 식구들이 지겹다고 할 정도로 호박잎 국과 풋 호박요리를 상에 올렸다. 동네에도 광고했다. 올해 집집이 호박 풍년이라 우리 집 텃밭을 욕심내는 사람은 아무도 없었다. 오이도 된장 찍어 먹고 겉절이, 냉국, 심지어 살짝 데쳐 무쳐 먹기까지 하며 내 수고로운 양 채우며 우쭐거렸다. 처음엔 웰빙이라며 기뻐하더니 어느새 언제면 끝을 볼까? 하는 기색이 역력했다.

오이가 떠난 가뭇없이 진 자리를 정리하고 호박 덩굴 옮겼더니 세상에 익기도 전에 떨어져 버린다. 영문을 몰라 친정어머니께 선화하니 "호박은 건드리는 것이 아니여!"라고 하신다. 뻗는 상태로 놔두어야지 손을 대면 호박 수확을 할 수가 없다는 사실을 지천명의 아줌마는 모르고 있었다.

배추가 천정부지로 뛰어 서민들은 배추김치를 엄두도 못 내었다. 아삭거리는 배추김치를 뜨거운 밥 위에 얹어 입 안 가득 먹고 싶은 욕심이 간절하였다. 씨앗을 파종하기엔 시간이 부족하고 모종을 사왔다. 속이 차는 김장배추 어린싹이다. 내 손으로 직접 키운 배추로 김장할 것이라는 야무진 계획 세우며 녀석들을 심었다. 쌀뜨물 받아 하루 삭히고 뿌려준다. 얼른 자라라고 한참을 쪼그리고 앉아 쳐다보지만 며칠 지났는데 여전히 손가락 약지만 하다. 급한 마음이 녀석들을 또 한 번 몰살케 할 위기에 처할 뻔했다. 지나던 이웃이 뿌리도 내리기 전에 시비하면 다 죽는다고 일러준다. 다 때가 있는 법이다. 기다릴 줄 알아야 기쁨을 얻을 수가 있다. 조마조마했는데 잘 버티어 준다. 중국 배추가 들어와 포기당 만 원을 넘나들던 배추가 이천오백 원에 살 수 있다. 그래도 역시 농산물은 신토불이라야 한다.

잘 가꾸어 내 배추로 김장하면 그때 비로소 농사꾼 반열에 감히 올라갈 것인가? 금값 배추 덕에 오십 년 인생사에 새로운 페이지가 생길 조짐이다. 상상만으로도 기분이 좋아진다. 에너지가 그쪽으로 흐른다. 작은 목표를 반복하다 보면 마침내는 큰 목표를 달성할 수 있다.

총선 후에

눈부신 목련꽃이 가뭇없이 진 자리에 핏빛 철쭉꽃 낭자하게 피었다.

서귀포의 봄이 점점 깊어간다. 요즘같이 아름다운 봄날에는 아이들 손 잡고 노란 유채꽃 돌담길 따라 꿈결처럼 이어지는 세상으로 나가고 싶다. 봄의 향기에 취해보고 싶지만, 주부로서 고단한 삶의 무게로 인해 모처럼의 봄나들이마저 쉽지 않다. 붉은 글씨로 채워지는 가계부를 보며 손을 놓고 한숨을 쉬는 일이 많아졌다.

국민소득 2만 달러의 청사진이 높이 걸려 있는 대한민국의 하늘 아래서 왜 서민들의 삶은 좀처럼 펴지지 않는 것인지 시름만 깊어간다. 특히 FTA(자유무역협정)의 거센 물결에 그대로 노출되어 버린 서귀포 농민들에게는 다가올 내일이 희망이 아니라 힘겹게 넘어야 할 고개로만 여겨진다. 절망의 바닥이 어디까지인 줄 모르고 희망의 날개를 펼치고 훨훨 날 수 있기를 바라고 또 바란다. 그동안 민생을 챙겨주어야 할 국회의원님들은 고통받는 시민들에게 사탕발림만 하고 진정한 사랑의 눈길 한번 제대로 주지 않았다고 본다. 4.15총선을 향한 '올인'에만 정신이 팔려 서민들이 밥을 짓는지, 죽을 쑤는지 모르쇠로 일관하였다. 탄풍(彈風)과 노풍(盧風), 그리고

정 박 추라는 이름의 장풍을 날리며 상극으로 치달았다. 탈 많던 총선이 드디어 끝났다. 승자의 환호와 패자의 눈물의 교차는 늘 아픔이다. 그리고 채찍이다.

이제 여야 모두 환호와 눈물을 거두고 국민의 민생을 챙기기 위해 떨쳐 일어나야 한다. 총선을 통해서 확인된 민의를 떠올리고 목소리를 높였던 선거 공약이 표를 구걸하기 위한 장밋빛 유혹이 아니었다는 것을 심어야 한다.

유권자들과 한 약속을 실천하기 위해 온몸을 던져야 한다. 대한민국은 국회의원들의 나라가 아니라 국민의 나라이기 때문이다. 특히 막강한 후보를 제치고 당선된 김재윤 국회의원 당선자에게 거는 기대는 너무나 크다.

시민들에게 자신감과 자긍심을 되찾아 주어야 하는 막중한 책임과 의무가 있다. 젊은 여당 국회의원 당선자의 양어깨에 쏟아지는 시선을 감사하는 마음으로 받아야 할 것이다. 우리는 국회의원의 허물에 돋보기를 들이댈 것이 아니라 늘 격려하고 믿음을 나누어야 한다.

수채화의 물감처럼 봄기운이 아늑하다. 봄은 치유의 계절이다. 이데아의 마법이다. 만물이 소생하고 생동한다. 우주 만물이 에너지다.

천혜의 땅 서귀포, 아름다운 서귀포에서 시민들의 건강한 웃음소리가 멀리멀리 퍼져 대한민국 어디에나 미소 천국이 되길 기원한다.

차를 누리는 기쁨

은목서 폴폴 향기 날리는 가을 속에 손가락 걸었다. '저녁에 꼭 말차를 마신다.' '다신전(茶神傳) 초의선사'에 보면 차 따기는 곡우 전 오 일이 으뜸이고, 이슬에 흠뻑 젖었을 때 딴 것이 으뜸이라 하였다. 불 시중을 우선으로 하며 푸른 비취색이 최고라 한다. 산에서 나는 물이 상이며 차는 물의 신이라 하였다. 잔은 설백색을 으뜸으로 삼는다. 차 마실 때에는 손님이 적어야 귀하며 손님이 많으면 시끄럽고 아담한 정취가 모자란다. 홀로 마시면 신령스럽고, 둘이 마시면 으뜸이며, 서넛이면 멋스럽고, 대 여섯이면 들뜬다고 했다.

밤중에 공부하기 전 찻상을 마주해 앉아 서툰 솜씨로 말차를 만든다. 소란스러운 마음이 정리된다. '이곳에 앉아 있는 나는 누구인가?' 저절로 혜안을 갖게 된다. 신령이 된 느낌이다. 지금껏 차를 마실 때는 벗이 필요했다. 단둘이 마주 앉아 풍경을 양념 치며 마시거나 벗들하고 우르르 왁자하게 수다 떨며 마시느라 차 맛은 안중에 없었다. 차는 그냥 덤으로 넘었다. 어쩌다가 격식이나 예의 차려 마실 일에는 불편하고 어색했다. 약천사에 왕래하면서 찻잎을 우려낸 녹차를 접하게 되었다. 공손한 손놀림, 뜸 들이는 여유, 차 향기와 색에 빠지기 시작했다. 법우들과 차 도반이 되었다. 일주일에 한 번 배우는 행다법을 곧잘 까먹었다. 도반들은 집에서도 즐겨 차 마시는 습관 들여 솜씨들이 초급을 넘어섰다. 나 혼자 걸음마 수준이었다.

칭찬 한번 못 받고 3개월 초급과정을 수료하는 다례시연회를 가졌다. 큰스님 몇 분 모시고 탐라 차 문화원 사범님들과 법우들 앞에서 다례시연한다는 생각만으로도 밤잠 설치고 가슴과 손이 달달거렸다. 말차 사범과정 연수반과 함께했다. 말차 시연회는 음악부터 차원이 달랐다. 손놀림의 우아함, 자태, 한복의 매무새까지 고상하고 엄숙했다. 어떻게 초급과정을 시연했는지 한복과 몸은 땀으로 범벅되어 있었다. 진득하지 못한 데다가 덜렁거리고 산만까지 한 내가 그날 가슴에 꿈 하나 심었다. '나도 사범이 되어야지.'

초급과정 도반 몇몇은 중도하차하고 여덟 명이 중급과정 '말차' 행다법을 공부 중이다. 11월 중순에 시연회를 가질 계획이다. 분주한 마음이 다소 가라앉고 손놀림도 제법 익숙해졌다. 오백년의 역사를 가진 말차는 미세한 분말을 다완에 넣고 탕수를 부어 다선으로 저어서 마시는 것을 말한다. 다선으로 차의 거품을 내는 일이 관건이다. 왼손은 다완을 잡고 손목을 유연하고 빠르게 움직이며 손가락을 모두 모아 다선을 쥐고 물살을 일으키며 파도를 내고 거품을 만든다. 거품은 기포가 없어야 하며 연녹색의 우윳빛을 띠어야 한다. 색과 향과 맛을 음미하며 차 맛은 부드럽고 쓰지 않아야 한다. 세 번에 걸쳐 마시고 나면 마지막엔 차 거품을 빨아 당기듯이 마셔야 제대로 마시는 것이라 했다. 다 마신 찻잔에 더운물 붓고 마시는 백차 또한 여운이 곱다. 일본에서는 말차는 아주 귀한 손님에게만 대접한다고 했다.

다포에서 행주까지, 공수하여 기다림도 알아야 하고 상대를 존중하고 귀하게 여길 줄 아는 마음들이 어느덧 쌓여가고 있었다. 내 이웃들은 '성질 급하고 바쁜 네가 차를 배운다고?'라며 눈을 동그랗게 뜬다. 더 으쓱해진다. 그래 천상 여자만 차를 다루는 것이 아니라 누구든지 할 수 있는 자연스러운 일이다. 차를 마시며 살아가는 지금의 모든 것이 감사하게 다가온다. 아름답고 기쁜 일, 아프고 슬픈 일이 찻잔에 함께 우려진다.

뭔가에 집중하면 그 대상이 무엇이든지 바로 그 대상을 불러들인다.

막둥이

애당초 사건 음모부터 완벽하지 못했다. 계획을 세웠으면 용의주도하게 검토하고 실행에 옮겼어야 했던 일이다. 옛날 주먹구구식도 아니고 계산기를 두드려 음모를 꾸민 일은 더욱 아닌 헤픈 내 감정이 풍선처럼 부풀어 올라 터져 벌어진 일이다.

승훈 낳고 5년이 다 되었는데 헛구역질만 몇 번 하고 메슥거리다가 슬그머니 사라지곤 하였다. 아이를 갖고 낳는 일이 맛있는 음식 식탐하는 것마냥 홀린 사람처럼 절실하였다. 한의원에 진맥 결과 나팔관이 일부 막혀 한약으로 치유가 된다는 한의사님 말씀대로 처방받고 한약 복용하여 빛을 보게 되었다. 같은 해 2월에 약 먹고 그해 12월에 남자아이를 낳았다. 배 속에 있는 동안도 우여곡절이 많았다. 하혈하고 모양이 흐트러져 수술날 받기도 했었다. 열흘 만에 두 살이 된 아기는 몇 번 울지도 않고 돌을 맞았다. 그런데 걷지 못하고 기기만 하여 내 가슴에 천불 지피기도 했다. 병원에 관절검사는 정상이었다. 18개월째 어느 날 갑자기 걷더니 다음날부터 신발 없이 온 동네를 휘저으며 돌아다녀 발에 피 나고 갈라지며 심지어 차에 충돌까지 하루도 무사한 날이 없었다. 하효 꿈초롱 유치원 다닐 때는 마당에서 놀다가 바다까지 가 동사무소와 경찰을 동원해 찾은 적도 있었다. 초등학교 입학하니 선생님이 조용히 면담 요청해 왔다. "지훈이 이상해요. 공부시간에 책상 밑에 들어가 아이들 간지럼 태우며 혼자 놀아요." 가슴이 철렁했다. 즉 자폐증이 있는 것을 모르는 것이 아니냐는 말씀이셨다. 병원 이곳저곳 진찰해 본 결과, 너무 산만하니 집중하는 운동 시키고 책을 읽게 하는 것이 중요하다는 것이다. 태권도장에 보내고 과외선생님을 모셨다. 한 달만에 선생님은 두 손 들고 물러나셨다. 잠자기 전 아들 옆에서 동화책을 읽어주면 시끄럽다고 난리다. 책에는 관심 없고 쏘다니다가 집에 오면 강아지들과 살림을 차렸다. 함께 밥 먹고 뒹굴고 놀고 말하느라 깨끗할 날이 없었다. 달래고 어르며 형, 누나처럼 모범생이길 바랐다. 나를 시험함인지 여전히 산만하고 학원과 학교는 놀러 가는 수준이었다. 평소 내가 자비를 저축 안 하여 벌을 주시는 것인가? 누가 우리 아이를 따스하게 쳐다봐 줄 것인가? 엄마는 아들이 무슨 일을 하든지 잘 품어주어야 한다. 엄마란 아이의 어깨 위에 내려앉은 한 점 먼지에까지 지대한 관심을 부여해야 한다. 남들이 하찮게 여겨도 엄마에게는 귀한 보물이다.

서울 조리학교에 보냈다. 평소 부엌을 즐겁게 들락거리고 음식 만들기를 기쁘게 생각하는지라 과감하게 결정했다. 여름방학에 집에서 "훈이야! 배운 요리 한번 만들어주라."라고 청했더니 망설임 없이 단박에 거절한다. "엄마! 우리가 배우는 요리는 호텔식이라 너무 어려워 여기서 못해." 다음에 더 많이 배워서 꼭 해주길 바란다고 웃음으로 얼버무렸지만, 언제면 철이 들까 좌불안석이 된다. 주위에서는 군대 보내면 사람이 달라진다고 이구동성이다. 1학년 마무리하고 군대 보낼까 고민 중이다. 엄마의 지나친 기우일까? 언제면 혼자 우뚝 설 수 있으려나 늘 잔소리꾼 엄마가 된다. 오늘도 나는 한라산이 훤히 보이는 사무실 창가에 기대어 서울 쪽으로 고개를 돌린다. '사랑하는 내 아들! 잘 지내고 있지? 엄마는 늘 네 편이야.' 집에 오면 무조건 안아주어야겠다. 사랑은 다짐의 연속이다. 막둥이 욕구가 무엇인지 귀 기울어야겠다. 엄마의 욕심으로 태어났지만 특별한 별이다. 희망이 있다고 믿는 사람에게는 희망이 있고 희망 같은 것은 없다고 생각하는 사람에게는 실제로도 희망이 없다고 하였다. 절망적인 말보다 칭찬과 격려로 표현해야겠다. 훈이가 내게 온 것은 신의 섭리다. 산에는 높이 솟은 봉우리만 있는 것이 아니라 깊은 골짜기와 나무와 새, 시냇물, 짐승, 안개, 구름, 바람, 비와 눈이 어우러져 하나의 산을 이루듯이 우리의 인간사도 마찬가지일 것이다. 아들이 적성에 맞는 일을 하며 스스로 존귀하게 여기며 즐겁게 살 수 있도록 엄마로서 충실한 임무를 수행해야 하겠다.

어머니는 절망을 희망으로 바꾸는 사람이다.

값을 알 수 없는 오월에게 묻다

산도 들도 초록이 불붙어 눈부신 날이다. 물도 푸르고 산도 푸르니 마음도 푸르러진다. 두꺼운 옷을 벗고 날아오르고 싶은 마음에 풀 먹인 적삼을 꺼내 입었다. 오늘 사계리 어느 사찰에서 노인잔치를 열고 있다. 면 소재지에 속한 노인들 모셔다가 맛있는 음식 대접하고 재롱떨며 해마다 어르신들을 환하게 해 드리고 있다. 개인 사찰에서 행하는 일이지만 많은 사부대중이 모여 십시일반 보시하는 정성스러운 모습이 보기가 좋았다. 입가에 절로 걸리는 미소를 즐기느라 한동안 보시함 옆을 지켰다. 그때, 키는 아담하시고 파르랗게 깎은 머리는 햇살이 내려와 앉아 반짝거렸고 가사, 장삼은 풀 서지는 않았으나 정갈하였으며 입가만 살짝 올라간 표정은 영락 부처님이신데, 더 놀라운 것은 보시함에 손을 내미는 순간 엄지와 검지에 빨갛게 물이 올라 있었다. 얼른 스님 앞에 합장배례하였다. "스님! 연잎 비비셨네요!" 스님께서는 손바닥을 펴 보이시며 "어느 절에나 다 하는 울력이지."라고 하신다. "스님! 너무 예쁘십니다."라며 감탄의 소리를 질렀다. 스님은 '허허' 웃으시며 행사장 안으로 발을 옮기셨다.

한동안 내 가슴은 왠지 모를 기쁨으로 팔딱거렸다. 누가 옆에서 나를 지켜보았다면 '감동은 그렇게 받는 것이 아니야!'라며 웃었을 것이다. 정말 감동을 제대로 받을 줄 모르는 바보인지도 모른다. 하지만 내 가슴이 벅차고 기쁘다고 울림을 주고 있지 않은가? 부처님 탄신일이 다가오면 어느 절이나 연등을 만드느라 분주하다. 묵은 연등을 깨끗이 벗겨내 한지를 입히고 잘 마르면 연잎을 한 장씩 붙이며 연꽃등을 만든다. 오방색의 연잎 비비는 일은 참 많은 시간을 필요로 한다. 혼자서는 지루하니 빙 둘러앉아 이야기보따리를 풀며 초저녁부터 자정까지 울력한다. 연잎을 풀고 비비는 일에 스님이 함께 해주시면 더 신난다. 노 보살님들 삶의 지혜와 구수함도 덩달아 배워진다. 굳이 절을 하지 않아도 기도가 된다. 빨간색 연잎 비비는 날은 손톱이 빨갛게 물이 올라 비누로 씻어도 여간해서 지워지지 않는다. 며칠을 그렇게 비벼 꽃등을 만들고 나면 오월은 연꽃잎 물과 보내게 된다.

상상해본다. '스님 계신 절은 신도가 바빠서 스님이 연잎을 비볐을까? 요즘은 바쁘다고 다 만들어진 각종 등이 더 예쁘다며 파는 연들을 달아주는 것도 많은데 스님은 무슨 맘으로 손이 많이 가는 연등을 고집하셨을까?' 아무리 갸웃거리며 생각해도 좁은 소견으로 명쾌한 답이 나오지 않았다. 하지만 스님의 빨간 손톱은 너무나 곱다. 불자들 정성의 등불을 온몸과 마음으로 만들어 달아주고 싶었을 것이다. 이제 몇 밤만 자고 나면 부처님 오신 날이다. 룸비니에 꽃비 내리고 상서로운 구름 피어나고 아름다운 새소리 가득하였다.

아! 오월은 축복이다. 솔바람과 신록, 장미꽃 뜰, 밀감꽃 향기와 나날이 키를 높이는 삼밭에 오이랑 채소들을 어찌 깜냥으로 판단을 놓을 수가 있단 말인가. 부처님의 안목에서 일체의 모든 것은 다 부처라 말씀하셨듯이 우리는 천성적으로 아름답고 착한 것, 밝은 것을 원하는 존재를 들여다보며 때가 묻었으면 닦아내어 자신을 비춰 볼 수 있게 하여야겠다. 며칠 약천사에서 연등과 팔각등 만들었다. 친구와 짝을 하여 풀 바르고 등 틀에 한 잎 한 잎 예쁘게 붙이려고 노력하였다. 내 손가락에도 물이 들었다. 마당에 오색등이 수놓아지고 누군가 간절한 바람으로 불이 밝혀질 연등을 완성하고 나니 너무 기쁘다. 사무치는 고마움으로 아름다운 연등을 본다. 문득 법정 스님이 즐겨 읊으시던 선시가 생각난다.

'오월에 솔바람 팔고 싶으나

그대들 값 모를까 그게 두렵네.'

우주에게 묻다

몇 년 전, 마당 모퉁이 돌멩이에 석곡을 심었다. 활짝 핀 분하나 마루에 들여놓고 눈 호사를 누리다가 꽃이 진 후 미련 없이 텃밭에 버렸다. 무심히 텃밭 예초 하다가 땅 위로 뿌리를 내려 생명을 이어 가는 것이 고맙고 미안하고 신기해 살려주기로 했다. 마땅한 화분도 없고 심을 곳을 찾다가 문득 석곡의 고향을 떠올렸다. '그래. 원래 나무나 돌에 의지해 나고 자라는 습성을 갖고 있지.'라는 생각에 돌멩이 움푹 파인 곳에 꾹꾹 눌러 이끼로 덮고 물을 흠뻑 뿌렸다. 의무를 다한 듯이 시간이 흘렀고 그는 겨우 목숨 부지하며 나날을 견디었는가? 마당가 친구들 목련, 으름덩굴, 멀꿀이 앞다투어 피고 있었다. 그 한구석에 우아함이 무엇인지를 보여주는 석곡을 보고 아! 하고 짧은 비명이 나도 모르게 나왔다. 흰 듯이 연분홍빛 자태에 이슬 머금은 돌멩이를 보석으로 만들고 있었다. 향기가 우주를 황홀케 했다. 새들이 놀러 오고 나비가 팔랑팔랑 춤을 추었다. 이웃 감나무가 몸을 낮췄다. 덩달아 신났다. 그 앞에서 세상의 감각을 열고 조용히 앉아 있으면 우주가 내게 묻는다. '그대는 지금 기분이 좋은가? 하늘의 별처럼 빛나고 있나?' 나는 끄덕끄덕한다.

며칠 전만 하여도 나는 우주가 전하는 메시지를 담을 마음의 그릇을 갖고 있지 못하였다. 일하면서 여유, 시간의 여유, 마음의 여유, 아무것도 들여놓지 못하고 짜증으로 가득 차고 몸은 날로 야위고 지쳐갔다. 혼자 고독하고 외로운 사람처럼 포장했다. 석곡이 참 장하고 아름답다. 꽃을 피우기 위하여 온 힘을 쏟았으리라 본다. 그리고 이웃인 비와 바람과 햇살이 그를 도왔다. 사람도 무소의 뿔처럼 혼자서 갈 수 없다. 함께 어울려서 위로하며 기대어 살아야 한다. 고독하고 외로워할 수 있지만, 너무 오래 붙잡지 말아야 한다. 좋은 친구 같았다. 서로 욕심내지 않은 마음으로 쳐다봐주고 어루만져 줄 수 있는 그런 벗이 필요했다. 누군가를 찾아갔다가 차마 마음 열지 못하고 차만 몇 잔 마시고 나왔다.

시어머니가 위독하시고 식당은 매일 적자를 면치 못하여 돈 빌리느라 전전긍긍하였다. 버려지는 음식물 감당하기 힘들었다. 마음을 지옥 속에 두고 무엇인가에 빠져 허우적대고 있었다. 파도에 휩쓸려 좌초되기 직전인 배 같았다. 자꾸 일탈하고 싶었다. 무능한 중년이 서글펐다. 탓이 많아졌다. 시간이 마법처럼 해결해주기를 바랐다. 자고 일어나면 꿈이길 바랐다. 그런 내게 우주가 선물을 보낸 것이다. 꽃을 꽃으로 보려면 뇌 속의 풍경이 아름다워져야 한다. 뇌에 있는 부정적인 정보를 자주 정화해주어야 한다. 상황과 조건을 운명처럼 받아들이며 살아갈 것이 아니라 그것을 바꿀 권리와 능력이 충분히 자신에게 있다는 것을 깨달아야 한다. 그때 우주는 내게 긍정적인 에너지를 보내 줄 것이다. '내 에너지 기운이 우주와 통하도록 활짝 열어 놓고 있는가? 내 기가 존재하는지도 모른 채 살아가고 있는 것은 아닌가?'라고 물어보았다.

오월! 눈이 시리도록 푸른 신록 앞에 두근두근하며 장미를 보며 가슴이 환하게 밝아지는 그런 우주의 공유를 손길이 필요한 이웃에게 손 내밀어 주고 기대고 싶은 어깨를 빌려주며 온몸 세포가 황금빛으로 찬란하게 빛나며 감사하게 살아도 시간은 화살처럼 질주한다. 존재하는 것은 지금 이 순간이다. 꽃이 내게 활짝 웃었다.

경주에 빠지다

동장군의 위력을 과시하던 한라산의 설벽도 따스한 기운을 지닌 봄비에 젖어 홀연히 자취를 감추었다. 봄 향연이 시작되었다. 화사하게 피는가 하면 황홀하고 매혹적으로 눈과 마음까지 부셨다. 마음 밭에도 아름다운 꽃 한 송이쯤 피워야 봄을 맞는 사람으로 체면치레가 될 것 같아서 일손을 잠시 멈추고 나섰다. 여행은 영혼의 우물을 깊게 만드는 일이라고 잘난 체하며 천년 역사의 산실 경주를 선택했다. 다행히 영천 '봉림사' 주지 스님께서 남산 안내를 해 주신다는 큰 인심 믿고 무작정 대구행 비행기 트랩을 내렸다. 봉림사 신도님이 차를 갖고 와 주셨다. 이제 물이 오르는 끝도 없이 이어진 사과밭과 포도밭을 지나 산 밑 기와 몇 채의 절에서는 49재 법성게가 맑게 울리고 있었다. 참배하고 점심 공양에 귀한 손님에게만 대접하는 보이차는 간이 맞고 색이 고왔다.

정갈하며 따끈한 방에 앉으니 졸음이 먼저 찾아 왔다. 스님 채근 없었다면 마냥 눌러앉고 싶었다. 경주 남산은 곳곳마다 부처님 계신 곳이라 장엄한 마애불을 친견하고 싶었다. 얼마나 명당이었으면 절터 아닌 곳 없고 바위마다 부처님과 보살님을 안 새긴 데가 없단 말일까?

남산 기슭에서 박혁거세가 태어나고, 나랏일을 논의할 때 남산에 모이면 일이 성사되었다는데 신성한 기운이 아직도 시퍼렇게 살아 있을 것 같았다. 계곡에서 돌돌돌 흐르는 물소리가 심신을 씻어준다. 바위틈새기 분홍빛 진달래가 운치를 더해준다. 왜란을 치르면서 파헤치고 상처 난 불상과 마애불들은 세월 흔적에도 거침없이 단아하다. 두 손을 곱게 합장해 마음을 고른다. 아득히 먼 그 날, 서라벌에 메시지가 들리는 것 같았다. 나라를 위하고 백성의 평안을 바라며 삼라만상이 어우러져 다 함께 행복하기를 바라는 염원은 세기의 구분이 없는 것 같다. 정과 끌로 오랜 날을 견디며 마애불을 완성한 신라인들 불국토가 세세생생 남겨져 우리의 메마른 마음을 어루만져 주는 것 아닌가 싶다. 탑곡 마애불상군 바로 앞 '상선암'에서 잠시 땀을 식혔다. 서넛 정도 앉아 차 마실 수 있는 작은 방문을 밀치니 와! 노을이 숨 고르기하는 모습이 눈물 날 정도였다. 노을 앞에서 다소곳하게 덖음차를 마셨다. 일행들 재촉 없었으면 고운 자태에 빠져 시간을 놓쳤을 것이다. 며칠 여유를 갖고 상선암에 와 질리도록 노을과 벗하고 싶었다. 왜침의 잔혹한 난도질 앞에 온전한 몸이 사라진 부처님은 아직도 옷매무새와 자세가 너무나 신비로워서 입김을 '후우'하고 세게 불어 넣으면 걸어 나와 반겨주실 것 같았다. 친구들의 표정을 보았다. 감탄세례 없는 덤덤한 친구 한 명에게 '왜?'라고 물을까 하다가 그냥 두었다. 보이는 눈, 들리는 귀, 태양과 바람을 느끼는 일 그것은 각자의 감성이니까 말이다. 노을은 더 붉어지고 있어 서둘러 하산하였다. 제주에서 온 귀한 손님이라며 경주 최고의 한식당 '최부잣집'으로 초대해 주셨다. 오백 년을 부자로 살 수 있었던 것은 거둬들인 재물로 다시 이웃에게 나눠주고 정을 베풀어 지탱할 수 있었다는 스님 말씀 들으며 마음의 옷섶을 여미었다. 경주는 황남빵이 유명했다. 줄 서서 시간예약하고 사올 수 있었다. 빵, 커피, 한라봉으로 아침 먹고 경주 시내를 걸으며 관광하자는 의견을 모았다. 여전히 문화재 발굴에 정성을 쏟고 있었다. 시내가 모두 자원이었다. 무료입장 경주 박물관은 우리를 신나게 했다. 횡재한 느낌이 풍성했다. 오전 내내 어린아이 마냥 쏘다니며 박물관을 누비고 허기져 첨성대는 인증샷만 하였다. 점심은 유명한 쌈집 갔다. 넓은 홀에 가득 찬 손님들 기다리게 하지 않았다. 무한 리필로 쌈을 몇 번씩 불러 등에 붙었던 배를 남산 만들었다. 남산 배를 허물어야 한다며 또 걸어야 했다. 대릉 및 천마총을 한 바퀴 돌아 영상실을 차지하고 앉아 이십여분 쪽잠 즐기고 나와 목련꽃 자리에서 '여고 시절' 한곡 뽑고 한옥마을로 갔다. 우리는 촌부라 장작윷을 보니 입을 모으지 않아도 패를 나누고 한판 승부를 즐겼다. 운수 좋은 날인가 '모'가 잘 나왔다. 허벅지를 너무 세게 때려서 벌겋게 상기되어도 기분은 최고였다. 별 5개의 숙소에서 서로의 지친 다리를 주물러주고 안마해주며 우정을 나눴다.

3일째, 대구 갓바위 찾았다. 불자들 기도처로 줄을 잇는 곳이다.

나를 치유했으니 가족도 기도로 평안하기를 원했다. 간절하게 발원했다.

조금은 사는 일이 지루하고 지쳐 있을 때 함께 떠날 수 있는 이웃이 있다는 것은 참으로 감사한 일이다. 하늘에서 내리는 비처럼, 바다에 출렁이는 파도처럼, 밤하늘에 반짝이는 영롱한 별처럼, 봄나무에 피는 새순처럼 그렇게 살아지길 바라지만, 욕심내고 사소한 일로 다투고 화내고 상처 내며 그러다가 후회하며 다 부질없어 보이고 사는 일에 생기 잃어갈 때 마음 맞는 이웃과 떠나보자. 아! 사무치는 고마움이 가슴을 적신다. 잘 살아야지 마음을 다진다.

며칠 봄비에 고사리가 쑤욱 고개를 내밀었다. 정성을 다하여 초벌고사리 장만해 '봉림사'에 보내야겠다. 한라산 고사리 받고 미소 지을 노보살님 생각에 나도 미소가 번진다. 이슬 맺힌 나무에 바람이 놀러 왔다. 같이 여행 가자고 조른다. 해님도 방긋 웃는다.

여름

여행과 고행 사이 / 꽃이 져야 열매 맺는다 / 아름다운 동행 / 아버지 / 한라산 둘레길 / 이별 / 초록은 초록일 때 / 꽃을 품은 과일 / 나도 때론 초록이고 싶다 / 꿈꾸는 중년 / 어머니 / 7월을 힐링하다

여행과 고행 사이

선물이었다. 우거진 나무 그늘과 향기로운 풀이 꽃보다 고운 계절에 배낭을 꾸렸다. 거창하게 나서는 길은 아니지만 설레고 밤잠 설치는 몇 날을 보냈다. "하늘은 게으른 것을 싫어하므로 게으른 사람에게는 복을 내리지 않는다."라고 늘 귀에 박히게 어머니가 하신 말씀 되새기며 과수원에 소독하고, 밑반찬도 마련하고, 대충 하던 청소도 오랜만에 깔끔하게 치웠다.

약천사 나한전 백일기도 회향을 설악산 봉정암에서 작년부터 봉행하고 있었다. 작년은 시할아버지 제사로 아쉬움을 접고 올해는 올인하기 위하여 다른 일은 접었다. 갈까 말까 망설이는 나섬이 아니라 '꼭 가야 한다.'라는 절박함이 절대적이었다. 좋은 곳의 기운을 받고 잡념을 벗어던져 감성의 기초체력을 회복하고 싶었다. 내 마음을 비우고 비워서, 사랑을 나누고 나눠서 내 삶이 솔로몬 왕처럼 지혜로워지길 간절히 바랐다. 내가 감사함과 온유함으로 있어야 우리 아이들이 복을 받아 가피를 입게 될 것이기 때문이다. 티베트인들은 차마고도에서 오체투지의 고행을 최고의 행복으로 여기며 다음 생은 그 인연공덕으로 좋은 인연 받기를 희망한다는 글을 읽으며 가슴이 출렁였다. 히말라야 산맥 험준한 고행의 여행,

그것은 복을 지을 수 있는 복밭인 것이다.

절실히 원하는 것을 얻기 위하여 아들은 시험 준비에 매달려 있다. 쓸모없는 부정적인 생각의 그물에 걸려 허둥대고 있으면 엄마로서 소임 마이너스인지라 조금이라도 보탬이 되어 볼까 나한기도에 동참했다. 작은아들도 7월 초에 입대, 딸은 9월 해산달이다. 모두 보살펴 주십사 떼를 쓰고 싶지만 우리나라 불교 인구가 200만 명인데, 한 가지씩만 소원을 말해도 정신없이 바쁘실 것인데 한 사람이 몇 가지 하면 오히려 역효과가 생길 것 같아 큰아들만 집중했다. 간절하면 우연처럼, 행운처럼 찾아 들 것이라 굳게 믿고 있다.

설악산은 수벽산청(水壁山靑)하여 눈이 부셨다. 산자락의 물굽이는 속기를 씻어준다. 선지식인들은 '노는 입에 염불하라.'라고 하셨다. 3시간 오세암을 향해 가는 동안 '관세음보살'을 열심히 염불하였다. 덕분에 어렵지 않게 목적지에 당도하고 한 바가지 물로 세수하고 몸을 적신 후 기도에 들어갔다. 회향하기 위하여 세 분 스님이 어려운 동행해 주셨다. 성원 스님은 백일기도 동참자들은 물론 함께 관광한 불자들을 위하여 축원하셨다. 모두 땀에 절어 있는데 냄새가 나지 않았다. 미리부터 오세암에서 천 배, 봉정암에서 천 배는 꼭 하고 오리라 원을 세우고 간 일이라 몇 도반과 새벽까지 절을 하였다. 법당문을 밀치고 나서니 물소리, 산바람이 반겨준다. 보름에서 사위어 가는 달빛에서도 향기가 난다. 정성은 사람을 아름답게 만들어주는 것 같다. 영혼도 맑아진다. 내가 이렇게 푸르러 질 수 있다는 사실이 놀랍다. 부모의 욕심이 아닌 사랑과 바람이 우리 아이의 가슴에 새겨 줄 수 있는 엄마가 되길 두 손 모았다. 한 시간 눈만 감았다 뜨고 아침공양 거르고 주먹밥 한 개 배낭에 넣고 봉정암을 향했다. 수없이 다녀간 보살님 한 분이 "너무 힘들어서 가능한 짐은 간단히 꾸려야 해. 험한 능선을 오르려면 눈썹도 떼어내고 싶거든." 모두 한바탕 웃었지만 절하느라 약간 무리한 짐작도 있고 배 속이 가벼워야 오르는 일이 쉽겠다 싶어서 화숙이랑 일행보다 먼저 나선 것이다. 평소 같으면 옮기는 걸음마다 '아야야!' 소리가 함께 할 것인데 신기하게도 어제보다 가볍다. 부처님 진신사리가 모셔진 불뇌보탑에서 도반들과 금강경을 독송하고 법당에서는 '신묘장구대다라니경'을 철야 염불하였다. 탑에서는 성원 스님 집전으로 저녁예불과 새벽예불을 봉행하였다. 오래간만에 내리는 비님도 기도시간만 피해 납시었다.

이번 성지순례는 여러 가지로 얻는 것이 많다. 앞으로 기도할 때에 '복 많이 받게 해주세요.'라고 할 것이 아니라 '복을 지을 수 있게 되기를 빕니다.' 할 것이다. 스스로 보잘것없고 되는 일이 없다고 불평할 것이 아니라 지금의 나를 사랑하는 일, 완전한 존재가 되기를 기다렸다가 자신을 사랑하는 일은 인생을 낭비하는 것이란 깨달음이다. 모자람을 조금씩 채워가며 성숙해 갈 것이다. 몸은 다소 고단하였지만, 마음을 내려놓아 쉬게 하고 쉬어진 마음에 새로운 기운을 받아 뒷걸음질하고 싶었던 삶을 당당하게 앞으로 내디디며 그물에 걸리지 않는 바람처럼 살아갈 것이다. 수렴동 계곡으로 내리는 데 꽃처럼 피어난 색색의 초록들이 나비처럼 나풀거리고 있었다. 문득 이런 글귀가 떠올랐다. '길인주처시명당(吉人住處是明堂)', 즉 명당이란 산 좋고 물 좋은 좌청룡 우백호의 그런 지형이나 지세에 있지 않고, 어진 사람이 사는 그곳이 바로 명당이다. 산을 찾는 어진 사람들이 많이 모이는 곳이라 봉정암은 더 명당이 되는 것은 아닐까? 절로 가볍다.

꽃이 져야 열매 맺는다

초하의 새벽이었다. 핸드폰이 아닌 집전화가 끈질기게 울렸다. 심상치 않은 기운에 부엌일로 물 묻힌 손을 닦을 틈 없이 다급하게 수화기를 들었다. 성안에 동서가 "형님! 큰일 났어요. 어머님이 교통사고로 병원에 실려 갔어요." 울먹이며 어쩔 줄 몰라 한다. 출근도 미루고 달렸다.

첫 비행기로 서울 병원에 가시다가 신호 무시한 차와 추돌사고가 생긴 것이다. 뇌출혈에 어깨뼈와 왼쪽 갈비뼈가 전부 부서졌다. 이미 당신이 왜 병원에 와 있는지 모르고 있었다. '점심구덕 지고 밭에 가야 되는 데 빨리 집에 가자.'라는 이야기만 녹음테이프처럼 반복하셨다. 이틀 후 뇌출혈이 계속되고 폐에 물 고이고, 지병인 간염과 당뇨로 인해 혈소판 수치가 자꾸만 추락하였다. 밤중에 가족들 비상 소집되어 뇌와 폐 시술하였다. 그리고 의식불명 되었다.

이십여일 살얼음 디디듯 보냈다. 전화벨 소리에 가슴이 쿵쿵거렸다. 식구들은 저마다의 신께 열심히 기도했다. 출혈이 멈추었다. 소견서를 '신촌 세브란스병원'에 보내고 비행기 여섯 좌석 예약하고 옮겼다. 한 달을 의식 없이 보냈다. 가족들은 갈등했다. 제주에 있어야 했다는 쪽과 서울로 옮기자 했던 쪽의 기류형성이 한랭전선을 이루었다. 의사는 신의 뜻에 따르라 한다.

가족들은 번갈아 서울행을 실시했다. 나도 여름휴가를 서울 병원에서 보냈다. 중환자면회실에선 저마다의 아픔으로 모여 밥을 나누어 먹고 인근 사찰에 기도를 함께 다녔다. 시멘트 바닥에 얇은 매트 깔고 새우잠을 잤다. 각처에서 모인 낯선 이들이 따뜻한 이웃이 되었다. 중환자실의 환자가 흰 시트를 덮고 사라지면 병상에 남은 환자들은 공포에 울부짖곤 하였다. 그런 날은 8층 보호자실 텔레비전도 숨을 죽였다. 달포 만에 눈을 뜨셨다. 그리고 일반 병동으로 옮겼다. 간병인을 구하고 재활치료를 시작했다. 욕창이 생겼다. 욕창으로 돌아가시는 분도 허다하다는 보호자들 말 들으며 걱정 태산이었다. 다행히 깔끔한 간병인은 물수건으로 살을 닦으면 물러진다며 체위 변경을 자주 해주고 약 바른 후 부채질을 해 주었다. 65kg 체중이 손 하나 까닥 못하니 갑절 힘들 수밖에 없었다. 기저귀 갈고 재활치료 준비할 때에는 둘 다 땀으로 목욕해야 했다. 요양보호사들이 위대해 보였다.

평소 자상하지 못한 시아버님은 이제야 땅을 치고 후회하시는 것 같았다. 땅이 꺼질 듯한 한숨을 자주 쉬시고 한 달에 반은 서울 여관방에 주무시며 어머니 보러 병원 가셨다. 손을 꼭 잡고 "나 알아지크라? 말 고라봐!"라고 하신다. 산수(傘壽)가 낼이지만 정정하시던 분이 갑자기 꼬부랑 할아버지 되셨다.

직장, 집안, 밭, 시아버님 식사, 원예치료사자격 실습, 고3 아들,

절에 기도까지 쉴 틈이 없었다. '내 인생이 왜 이래.' 가끔 손을 놓고 싶을 때도 있었다. 늘 어려웠던 시댁이다. 시어머니께 잘 보이려고 내 일보다 시댁 일을 중요하게 했었다. 그래도 다정한 말을 한번도 들어 본 적이 없을 정도로 냉담한 분이셨다. 어떤 무게에 꽉 눌려 사는 기분이었다. 지금 의식 없이 누운 모습에 독기나 냉담은 찾을 수가 없다. 그냥 천진난만의 모습이다. 과거에 무슨 일이 있었든 간에 용서해야 서로 공유되고 사랑할 수가 있을 것 같았다. '시' 자는 모두가 어려워 시금치도 싫었던 시집생활의 고달픔은 과거의 일이다. 시어머니 뇌는 많이 손상되어 희망적인 것은 의식회복뿐이다. 그래도 삶과 죽음을 어떻게 비교 선상에 둘 수가 있단 말인가. 언제까지 서로가 고단한 삶이 될지 모르지만, 최선을 다하는 큰 며느리가 되려고 한다.

앉아 있을 때는 앉아 있고, 일어설 때는 일어서고, 걸을 때는 걷자. 앉아 있을 때에 일어설 것을 미리 염려하지 말고 지금 현재에 충실하면서 평안을 찾자. 지금 여기에서 현재 하는 일에 열심히 하는 것이다. 좋은 열매를 맺기 위하여 내가 지금 꽃처럼 피어났다.

아름다운 동행

허공을 흐르는 바람이 뙤약볕 앞에 맥이 풀렸다.

고삐 풀린 더위도 시간이 흐르면 잡힐 것이다.

자연은 서두르지 않고 지체하지도 않고 또박또박 제 갈 길을 간다.

우리네 범부의 발걸음은 곁에서 멈칫거리기도 하고, 재촉하기도 하며 그 길가에 서성인다.

서귀포 불교대학 19기 법우로 인연 맺고 지혜 팀으로 아름다운 동행이 시작되었다. 수료 후 바로 이어진 약천사 '불교 기초교리' 공부에 동참하였다.

지혜로운 사람들의 몸과 마음은 늘 환희심과 설렘이 있었다. 새벽 4시에 일어나 준비하면 표선에서 오는 법우님 차로 약천사에 갔다.

얇은 어둠의 베일로 싸인 대적광전의 웅장함과 경이로움은 볼 때마다 새로운 설렘이었다.

새벽 예불이 끝나면 한 시간 동안 책상에 책을 펼치고 성원 스님의 창창한 강의를 들었다. 스님의 가르침은 왠지 아름답다는 표현을 쓰고 싶어진다.

3개월 교리공부하는 동안 엄청 바쁜 스님께서 늘 함께해주셨다.

순간순간 깨어 있는 알아차림을 위해 처음부터 끝까지 마음

닦음에 집중해야 함을 강조하셨다. 토끼 눈을 하고 집중하려 해도 눈이 천근이나 되고 어느새 머리는 책상을 박고 있을 때도 많았다. 반은 망상이고, 졸음이었지만 책 한 권을 떼고 나니 안개 속을 걸어 나온 환한 느낌이었다.

도반들은 바쁘거나 잠에 빠져 결석하면 전화해 무엇을 배웠는지 알려주며 서로에게 당근과 채찍을 나누었다.

그렇게 '초발심자경문'까지 떼었다. 모르던 때는 다물던 입이 자꾸만 근질거려 아는 체하고 싶었다. "선무당이 사람 잡는다." 운운하면서도 모이면 열띤 토론을 벌였다. 저마다 주장이 너무 강하여 부러질 것 같은 위기도 있었지만, 마무리는 서로에게 고개를 끄덕여 주었다. 대단하다고 칭찬도 아끼지 않았다. 막걸리 한잔에도 '아름다운 동행'을 위하여 잔을 마주했다.

법우라는 질펀한 삶 위에 평안을 느꼈다. 더불어 살아가는 삶의 중요성, 한 송이 꽃도 씨앗과 흙, 물과 바람, 햇빛과 이 세상의 모든 것이 모여 피어난다는 것을 인식하게 되었다.

약천사와 아름다운 인연을 이루어 '충북 단양 도락산 광덕사'의 미타 삼존불 점안식에 동참하였다.

바쁘고 일이 엮어져 전전날까지 도락산행은 포기하기로 했다. 그런데 모두들 마음 한구석이 비었는지 번개모임하고 서둘러 비행기 예약에 다른 일들은 접었다. 어려운 걸음으로 찾은 불사라서인지 한숨도 안 자고 철야 정진기도했다. 초췌한 눈동자가 별처럼 초롱

초롱 빛나고 사분사분 내려앉는 달빛목욕하니 환하였다. 부처님 앞에 한발 다가선 풍요한 마음이 가득 찼다.

간절한 기도와 정성은 탐욕과 성냄, 어리석음을 내려놓게 하는 것 같다.

겉모습이란 고정된 실체가 없는 끊임없이 변해가는 과정의 한순간이다. 우리 몸은 근심과 걱정을 놓아줄 때 몸의 딱딱한 것은 다 땅으로 돌아가고, 더운 기운은 불로 돌아가고, 움직이는 기운은 바람으로 돌아가 자연 그 상태로 된다. 기도는 나를 돌아보고 동시에 나의 주변을 돌아보게 하는 시간이다.

우주의 이치들을 마음으로 함께 공유하였다. 공부라는 것은 앉아서만 하는 것이 아니다. 중요한 것은 행위가 아니라 마음 자세로 자기 근원에서부터 발심이 나야 하는 것이다.

우리는 한 달에 한 번 만나 천배기도 하였다. 하루 천배에 삼일기도 무사히 회향한 날엔 기쁨이 무엇이든지 얻을 수 있을 것 같았다. 성원 스님도 칭찬해 주셨다.

지난 3월에는 남해로 성지순례 했다.

운무 가득한 보리암의 해수관음보살님은 안개비 맞으며 서서 인자한 미소로 금방이라도 걸어 나와 손을 잡아 주실 것 같아 가슴이 두근거렸다.

여수의 향일암은 자연과 인간의 조화로움에 벌린 입이 닫아지질 않았다. 원효 대사님의 수행처로 아직도 바위에 흔적이 뚜렷한 신비로움에 숙연해졌다. 바위문과 조각내어 세운 듯한 바위 위의 사찰, 연리목, 특별한 관음보살님은 아직도 어제처럼 생생하다.

배움과 경험을 함께해서인지 우리는 더 돈독해졌고 좋은 벗이 되었다.

마음 맞는 벗들이 모여 바라보기만 해도 삶이 기쁨으로 빛나고 오가는 눈빛만으로도 즐거움이 가득했다. 좋은 주파수를 내면 좋은 주파수를 가진 사람들이 모인다. 자연만 숲을 이루는 것이 아니라 사람도 숲을 이루며 살아야 함을 새겼다. 숲은 물질적 욕망의 충족보다 자기 수양과 성찰의 시간을 통해 풍요를 경험하도록 해준다.

우리가 살면서 마음 어긋나는 일들이 많이 생길 것이다. 숲도 바람에 가지가 부러지고 흔들리며, 비에 젖기도 하며 때론 처음부터 작은 풀들을 키우며 서로 비비며 살아간다. 아름다운 동행을 숲처럼 가꾸어 갈 것이다. 인간관계가 잘 흘러가려면 상대방의 단점보다 장점에 집중해야 한다. 그러면 더 많이 좋은 점이 나타날 것이다.

문득 '최인호'님의 '인연'이 떠오른다. "생에 크고 작은 인연이란 따로 없다. 우리가 얼마나 크고 작게 느끼는가에 모든 인연은 그 무게와 질감, 부피와 색채가 변할 것이다. 운명이 그러하듯 인연의 크고 작음 또한 우리들의 마음먹기에 달린 것이다."

우주가 내 어깨에 손을 얹는다.

아버지

푸르름이 꽃보다 고운 녹음방초(綠陰芳草)의 여름이었다.

짚을 깐 과수원 밭은 수박과 참외가 동글동글 여물고 있었다. 아버지는 런닝에 밀짚모자 사이로 구리빛 얼굴이 환하셨다. 일일이 만져보고 냄새 맡지 않아도 익은 과일을 찾아내고 망태기에 담으셨다. 가득해지자 잰걸음으로 집에 와 우리를 부르신다. 두세 살 터울의 올망졸망 6남매는 아버지 따라 '웃소'에 당도했다. 동생들은 한 치의 망설임도 없이 훌러덩 옷을 벗자마자 물속으로 풍덩 뛰어들고 언니와 나는 팬티 바람에 구정물 반 섞인 고인 물에 미적미적 들어선다. 수영 못 하는 우리를 차례로 손잡아 퐁당거리게 하고 나머지는 대야와 물통을 잡고 첨벙첨벙 물놀이 신났다. 물놀이 짬 내어 바위에 모여앉아 물에 담가둔 수박과 참외를 칼도 없이 바위에 조각내어 달게 먹는다. 바라보는 아버지 미소가 사방으로 번진다.

며칠 전 친정 다녀오는 길에 일부러 '웃소'에 들렀다. "에게게 겨우 요거!"라며 내 눈을 의심했다. 우리 집 마당만 한 빈약한 그곳은 물이 말라 냇가인지, 구덩인지 분간이 어려웠다. 우리가 억수로 구정물 먹고 다이빙하며 여름을 보냈던 곳이 너무나 초라했다. 물이 귀한 '도래물(回水)'은 비가 와 물이 넘치면 '웃소'로 모였다. 아버지는 바쁜 틈을 내어 꼭 우릴 데리고 가 헤엄치는 법을 가르쳐 주셨다. 내 개구리헤엄은 아버지의 역사다. 엊그제 일처럼 선명하다. 금방 뒤에서 "우리 셋 년!"하며 덥석 잡아주실 것 같다. 아버지가 너무나 그립다. 내가 힘들어 '아앗' 비명 지르지 않아도 표정으로 읽으시고 말없이 안아주실 것 같다. 커서 철이 들 때까지 우리 아버지는 생선의 머리와 꼬리만 좋아하시는 줄 알았다. 가시 발라 숟가락에 얹어 주시면서 당신은 머리가 더 맛있다고 하셨다. 마실이나 술 한잔하고 올레에서부터 우리를 부르신다. 그럴 때에 손에 무엇이든지 들려져 우리를 기쁘게 해주셨다. 목장일 끝에 철 따라 머루, 다래, 맹감순, 찔레순, 정감열매, 으름, 가락지 버섯, 두릅순, 보리장열매, 상동열매, 가시틀까지 무궁무진해 요술쟁이 같았다. 아버지는 무섭기도 하셨다. 일하기 싫어 게으름 피우거나 잔꾀를 부리면 혼이 나갈 정도로 매섭게 하셨다. 그리고는 꼭 달래주셨다. 아버지는 제주농고 시절에 유랑극단도 하시고 말을 타고 제주 성안까지 달려가기도 한 멋있는 분이셨다. 아버지 따라 소똥 줍고, 소몰아 물 먹이고, 소꼴에 섞이면 안 되는 고사리와 엉겅퀴를 베어내는 일이 끝이 없어 빨리 어른이 되고 싶었다. 어른이 되면 내가 하고 싶은 일만 하면 되는 것으로 생각하였다.

우두커니 서서 하염없이 아버지 생각에 젖었다. 가슴이 저민다. 가슴에 안겨 목청껏 울어 볼 수 있다면 원이 없을 것 같다. 내 동생은 아버지가 그리우면 무덤에 가 라면을 끓여 말을 하면서 먹고 왔다. 생전에 밀가루 음식을 그렇게 좋아하셨다. 아버지는 홀연히 13년 전에 북망산천으로 떠나셨다. 지금도 친정 가면 아버지가 올레 밖으로 나오며 "우리 셋 년 왐시냐!"라고 하실 것 같은 느낌이 매번 든다. 형제들이 모이면 늘 아버지 이야기로 꽃을 피운다. 질곡이 많았던 우리 아버지. 다정다감하셨던 우리 아버지. 당신보다 우리가 늘 먼저인 아버지! 당신이 가시는 길에 손잡아 드리지 못한 것이 너무나 송구스럽다. 아버지 대신 어머니께 잘하려고 하는데 마음만 앞서고 몸은 바쁘다고 소홀해진다. 저승에서 아버지 만나면 칭찬받고 싶은데 아직도 철이 덜 들었나 싶다.

그렇게 그날 밤 꿈에 아버지는 내게 오셨다.

한라산 둘레길

창가에서 똑똑 기분 좋은 빗소리가 가슴을 적신다. 모처럼 느긋한 아침잠을 자고 싶다는 강한 유혹에 이불을 박차지 못하고 미적거리다가 놀란 사람처럼 벌떡 일어나 고양이 세수하고 나섰다.

강정천과 바다를 낀 풍경 좋은 풍림리조트에 갔다. 풍림은 올레꾼들이 가장 많이 찾는 게스트하우스다. 사람들이 제일 선호하는 7코스 중간지점에 자리해 빨간 우체통과 쉼의 여유로움이 올레꾼들에게 각별하여 늘 북적거린다. 땡볕이 삼복의 허리를 녹이는 여름을 겨냥해 투숙객들을 한라산 둘레길로 모셨다. 휴양림의 둘레길은 법정사에서 숲속 계곡을 지나 휴양림 산책길 거쳐서 법정악으로 올랐다. 나는 자연해설가로서 그들의 길라잡이가 되었다.

법정악까지 가는 버스에서 제주의 1만 8천여 신들의 이야기 중 '영등할망'에 대해서 들려주었다. 2월 초하루 귀덕 복덕개로 들어와 보름날 우도로 나가는 바람의 신 '영등할망'이 머무는 시기에 씨앗을 심으면 파먹어 없어지고 고동도 속이 빈다고 했더니 신기해한다. 법정악 항일탑 앞에서 간단히 묵념하고, 걸어가며 기미년보다 일 년 앞 무오년에 스님들과 농민들이 항일투쟁했던 뜻깊은 곳임을 전했다. 자연해설가와 함께하는 둘레길 여정은 무작정 걷는 일만 하는 것이 아니라 들꽃을 만나면 이름을 불러주고, 허리를 낮추어 향기를 맡아본다. 비자나무와 주목은 무엇이 다른지 잎끝을 비교하며 초피와 산초 잎이 어떻게 다른지, 생강나무를 만나면 냄새를 음미하고 단풍인지 당단풍인지 잎 갈래를 세어 보았다. 잣담의 경계 이유와 극상림을 이룬 한라산의 예전 모습은 어떠했는지 이야기를 들려줬다. 7~80년 전까지만 해도 휴양림 근처는 초원이었다. 말과 소들이 풀을 뜯고 노닐던 방목의 터전이다.

내가 어렸을 적 산골 우리 집은 소들이 30여 마리 되었다. 소들은 여름 동안 산에서 산다. 아버지 따라 소몰이하러 가보면 새끼가 생겨나 있기도 하고 없어지기도 했다. 버섯밭을 망쳐 밭을 팔아 물어 준 적도 있었다. 갑자기 추락한 소값으로 빚더미에 앉아 축 처진 아버지 뒷모습이 엊그제 같다. 지금은 소나 말은 목장에 가두어 기른다. 가축의 먹이가 되었던 조릿대와 어린나무, 풀들이 자라서 숲을 이룬 것이다. 조릿대 약리작용이 점차 알려지며 차로 애용하고 있지만, 점점 터를 장악하는 조릿대 군단은 속수무책이다.

장마전선 중이라 비가 오다가다 하고 안개도 자욱했지만, 둘레꾼들은 흠흠 거리며 냄새를 맡고 곰취와 초피 잎을 따서 먹어 보기도 한다. 다래넝쿨 만나서 타잔처럼 우우 소리치며 매달려보기도 했다.

산바람. 새소리. 물소리. 낙엽 밟는 소리 잎사귀 몸 부비는 소리. 구름 흐르는 소리까지 무르익고 있었다. 카펫보다 더 푹신한 낙엽요 위에 벌러덩 누워보는 이도 있어 일행을 즐겁게 만들었다.

장마에 심신이 노곤해져 있을 때, 사랑하는 이웃들과 산을 걸으면 얼마나 행복한지 모른다. 자연이나 즐거운 기억 등은 곧바로 감정을 전환해서 알라딘 요술램프에서 나오는 '지니'처럼 우리 소원을 들어줄 것 같다. 숲이 얼마나 아름답고 소중한 것인지 숲길을 걸어 보면 저절로 느끼게 된다. 가슴이 뭉클해진다. 산은 사람을 어질게 만든다. 팍팍함이 어느새 슬그머니 사라지고 너그러워진다. 그래서 자연과 더불어 휴식하고 싶은 것이다. 한라산, 덕유산, 지리산에 둘레길이 뜨고 있다. 인간이 자연을 훼손하고 있다. 자연은 그대로이지 사람을 위하여 희생하거나 그러지 않는다. 그러나 손상을 입히면 우리는 되로 주고 말로 갚음을 당해야 한다. 공존공생해야 한다.

4시간 걸어 내려와 느낌을 나누었다. 모두 생기발랄해 보기가 좋았다. 60대 아줌마는 "이보다 더 좋을 수는 없어요. 무작정 걷고 먹고 쉬고 하는 일 이외에 자연과 말을 걸어보니 기분이 너무 좋아요."라고 했다. 걸을 수 있을까 걱정했던 40대 아줌마도 "행복해요."라고 한다. 표현에 인색하지 않은 그들이 고마웠다. 덩달아 행복하다. 부자가 된 기분이다.

숲길을 걷고 오면 마음먹는 일이 술술 풀리고 세상 보는 눈이 조금 달라진다.

이 별

산과 들 모두 초록이 불붙어 눈부신 날 6년의 병고를 털지 못하고 북망산천으로 가셨다.

아픔이 아픔인지 모르고 몇 년을 누워만 계셨고, 마지막은 식구들보다는 지인들이 더 그리워 집으로 오고 싶어 하셨다. 서귀포의 료원으로 한라산을 넘는 날엔 모처럼 시어머니 모습은 평화로웠다. 팔순이 다된 지인들이 모처럼 모여 병상이 이야기 꾸러미로 넘쳤다. 4.3 시절부터 5.16혁명, 새마을운동까지 무궁무진했다. 어머니는 소리 내어 웃기도 하셨다. 3일 행복이었다. 입술이 바짝 타들어가고 혀가 말려 아무것도 넘기지 못하셨다. 몸은 땀 기운이 배기 시작해 내 손을 집어넣으면 살에 감기기 시작했다.

6년을 한 번도 걸어보지 못하고 이승의 끈을 놓으셨다. 북망산천으로 가는 가시밭길이 워낙 험해서 신발을 안 신으면 발이 다 갈기갈기 찢어진다는 어른들 말씀에 숨이 멎는 순간 하얀 고무신부터 신겨 드렸다.

시집와 30년을 함께 보냈다. 시어머니 사랑보다는 미움을 많이 받고 지내서 늘 시어머니는 어렵고 불편하였다. 시어머니 무서워 임신하여도 낮잠을 못 잤다. 쉬고 싶으면 친정으로 가 잠시 쉬었다.

시어머니는 부지런하셨고 무슨 일이든 당신이 없으면 안 된다는 믿음으로 적극적인 행동을 하셨다. 동네 큰일 생기면 맨 먼저 달려가 진두지휘해야 하는 분이셨다. 서귀포시가 다 알아 모시는 여장부라고 표현하고 싶다. 며느리가 맘에 안 드는 것은 당연한 일인지도 모르는데 나는 나보다 시어머니 맞추어 살려고 안간힘을 썼다.

참 묘하다.

이제 시어머니가 돌아가시니 살아서 그냥 시어머니더니, 그 이상은 아니더니 지금 내 인생의 7할은 그 힘으로 살고 있는 것이다. 지금 나는 어려운 일이 봉착할 때마다 신을 찾는 것보다 시어머니께 의지한다. 분명 손을 뻗어 어루만져주실 것 같다.

본을 받아 집안의 큰며느리로 부끄럽지 않도록 열심히 살려고 한다. 오늘 시아버지께서 몇 달 만에 집에 오신다. 시어머니 자리는 못 채우지만, 성심을 다하는 모습을 보여 하늘에서 시어머니가 편안하시도록 해야겠다.

시어머니가 안 계시니 철부지 며느리가 어른이 된다. 살아계실 때에 그 빈자리를 깨닫는 것이 얼마나 지혜로운 사람인지를 말이다. 마음이 절절한 가을 아침에 어머니를 향한 고마움에 마음의 옷섶을 여민다. 늘 기도하며 감사하는 마음으로 살려고 노력하고 싶다.

초록은 초록일 때

'찰랑찰랑' 초록의 이파리가 이슬을 머금고 춤을 춘다. 요즘 예전에 느끼지 못했던 소소한 행복을 즐기고 있다. 해뜨기 전, 감귤 과수원에 들어서면 나무, 풀, 하늘이 솔바람을 부채질하며 같이 놀자고 유혹한다. 모른 체 일을 시작하면 옆에 와 '소곤소곤' 귀가 간지럽도록 속닥거린다. "마음은 내 것인데 내가 할 수 있는 일이 아니라서…." 내가 괜히 딴청 부리면 그들은 이슬방울 구르는 소리를 내며 마음을 훔쳐가고 만다. 도둑맞고도 헤픈 사람처럼 가슴이 벌렁거린다. 선물을 받는 기분이다. 자연으로부터 선물 받으려면 그 선물을 향해 마음의 문이 열려 있어야 한다. 처음부터 마음의 문을 열어 두었던 것은 아니다. 빗장을 걸고도 불안해 자물쇠를 채웠다. 운동을 하고 술을 마시고 친구를 만나도 우울한 마음은 빚쟁이처럼 들어앉아 나갈 줄 몰랐다. 어느 날, 잡념이 거품처럼 끓어올라 마음껏 소리 질러 볼 작정하고 밭으로 갔다. 밭 가운데 나무를 보며 섰다. 심호흡했다. 한참을 그렇게 몸을 맡겼다. 서서히 거품이 사라지고 실체가 보이기 시작했다. '흔들리지 않는 나무가 어디 있을까?' 상처는 치유의 흔적으로, 떠나는 것에 집착하지 않고 있는 것과 오는 것에 미련을 두지 않는 깔끔한 성품을 조금이라도 닮아야 하겠다는 마음이 일면서 서서히 빗장이 열렸다.

나이 먹는다는 것은 인생의 빛과 어둠이 녹아든 양만큼 적절한 빛깔과 향기를 띠는 것이라 했다. 그만큼 충실하게 살아야 선명한 빛깔과 향기가 생길 것이다.

꽃을 품은 과일

달콤함, 부드러운 식감이 목젖을 적시며 잠자는 뱃속을 깨운다. 이파리들이 키 재기하듯 영역을 넓혀가는 데 넓적한 이파리 사이로 동글동글한 열매가 꽃보다 먼저 인사를 한다. 초하부터 가을까지 자연으로부터 선물을 받는다. 매일 아침 부스스한 모습으로 그 앞에 서도 늘 내 마음을 헤아려준다. "안녕! 뭐든지 많이 먹으면 안 좋거든. 두세 개만 따먹고 지나가던 길손을 위하여, 새들을 위하여 남겨두면 내일도 먹을 수 있게 해줄게."라고 내 식탐을 누그러준다.

무화과는 소아시아가 고향이라 우리 제주도 기후와 알맞아 살기가 편한 모양인지 장마철엔 나보다 더 키를 키워 놓는다. 우리 집 뜰 절반 차지하고 먼저 터를 잡은 먼나무, 감나무에게 감히 도전장 내미는 느낌이 든다. 맛으로도 단연 으뜸이지만 효능으로도 다른 과일에 떨어지지 않는다. 폴리페놀 성분으로 항산화 작용에 플라보노이드 때문에 심혈관 질환을 예방한다. 또 펙틴성분으로 변비와 장운동을 활발하게 해주어 아침마다 화장실에서 바쁜 시간 허비하는 일이 없어진다. 칼륨과 비타민C, E와 무기질로 미백효과와 갱년기 여성에게 고마운 과일이다. 잎을 달인 물로 세수하면 피부 노화 방지 및 탄력을 느낄 수가 있다는데 이참에 텃밭에 무화과

나무 한 그루 심어두면 평생 좋은 벗이 되고도 남지 않을까 싶다. 이집트에서 약 4,000년 전에 심은 제일 오래된 과수이며 클레오파트라가 즐겨 먹었던 과일이라는데. 클레오파트라가 되어 보면 근사하지 않을까 싶다. 아담과 이브가 나무의 잎을 따서 자신들의 부끄러운 부분을 가렸던 나무. 꽃이 안으로 피는 나무. 덜 익은 것을 따면 진액이 흐르고 입도 까칠하며 따갑다. 정말 신비하지 않은가? 훌륭한 과일을 먹으려면 수고가 있어야 한다. 열매가 익을 즈음 일일이 구멍을 뚫어줘야 병충해로부터 지킬 수 있다. 밑 부분이 열십자로 갈라져 있는 것이 가장 맛있을 때이며 익으면 바로 따줘야 하며 냉장고에도 오래 보관이 안 된다.

마당에 앵두, 감, 자두, 배가 있지만 유독 그에게만 애정 기울기는 받은 것이 과분해서일 것이다. 앵두는 언제부터 어느 날 보면 새가 먼저 주인이 되어 모든 만물은 때가 있음을 실감하곤 한다. 배도 향나무과가 천적이라 하는데 측백나무 곁에 두어서인지 작년 몇 개 맛을 보고 올해는 고개 아프게 올려다 봐도 보이지 않는다. 과일에조차 편견을 두니 언제 철이 들어 누구에게나 골고루 줄 수 있는 넓은 자비를 갖게 될까? 오늘 임무를 다하고 이파리들이 우수수 낙엽 되고 열매는 몇 개 빈 쭉정이만 남은 그를 보면서 새삼 우주의 진리를 느껴본다. 눈부신 오늘 없는 것을 가지려 애쓰기보다 있는 것을 가지고 누리며 우주를 느껴보자. 있는 것도 가지지 못한다면 없는 것이 어떻게 깃들 수 있겠는가?

우주의 모든 것들은 영혼의 창을 가지고 있다. 네가 누구이며, 네가 사랑하는 것이 무엇인지, 네 삶의 소리에 귀 기울이며 네가 평생하게 될 일이 무엇인지, 그리고 네 삶이 어디로 부르고 있는지 우주의 소리에 마음을 열어야 한다. 표면은 휴식하는 것처럼 보이지만 내년을 준비하기 위하여 모든 것을 내려놓고 빈 나무로 서서 겨울을 이길 준비이다. 아주 사랑스럽게 "잠깐이라도 휴식해!"라고 속삭이며 나무를 안아줬다.

나도 때론 초록이고 싶다

장마 탓인가?

푹 젖어 있는 몸과 마음을 말리거나 곡식 체 불리듯 나의 겉질을 날리고 싶다. 덩달아 풀이 죽어 옷이라도 풀 서게 입을까 하고 몇 년을 농 속에 잠재우던 모시옷 꺼내 찹쌀풀 먹이고 다림질하여 입고 나섰다.

지금 슬럼프에 빠진 것인가? 바람과 공기와 물과 나무들, 매일 보는 가족의 얼굴, 일터의 사람들, 친구, 내가 하는 일, 모두 시들하다. 슬럼프가 온다는 것은 뭔가 한계에 봉착했다는 뜻이다. 말하기 좋은 사람들은 슬럼프를 느낀다는 건 그동안 자신이 유능하게 일을 잘해왔다는 증거라고 한다. 어떤 실적도 없이 지지부진한 사람에겐 슬럼프가 찾아오지 않는다는 것이다. 일정한 실적을 거둔 후 더 이상 그 기존실적을 뛰어넘지 못하는 상황, 그것이 슬럼프라는 소리다. 나는 좀 다르다. 있는 힘을 다해 노동을 하고 새벽기도하며 자투리 시간이 생기면 시간 외 노동을 해도 허덕이었다. 점점 나락으로 떨어져 가던 날, 스님께서 새벽 향을 사르고 촛불 끄는 소임을 주시면서 "정성으로 부처님과 통하세요. 백일기도 동안 기도를 최우선으로 잡고 후회하는 일이 없도록 열중하면 길이 열립니다."

아들이 고시 준비하는 3년 기간은 너무 길었다. 불합격 통지를 받을 때마다 열심히 정성을 쏟았는데 왜 이런 시련을 주시나 야속하고 되돌아서고 싶었다. 열심히 공부하는 아들이 안쓰러워 내색도 못 하고 끙끙 속을 끓였다. 새벽기도하고 나오며 이슬 가득 머금은 푸른 잔디가 기분 좋게 적셔지는 감촉이 생기를 불어넣어 주는 것 같았다. 아! 나도 초록이고 싶다.

초록은 그 무엇을 부러워하지 않는다. 초록이 지쳐 단풍들고 잎을 떨구어도 숙명이라 여긴다. 그래서 초록이 꽃보다 고울 때가 여름이다. 작열하는 태양, 태풍에도 당당하게 눈이 부시다.

아들을 위해서 기도한다는 것은 핑계이다. 나를 깨우기 위해서 시작한 일이었다. 쓸데없이 한 생각을 일으켜 자기 스스로 판단하고 해석하고 의미를 부여하며 상처를 낸 것이다. 우리는 갖지 못한 것에 대한 집착이 있다. 초록도 사람이 되고 싶을 때가 있겠다. 우리가 깔깔거리며 초록 숲을 거닐 때 우리와 동행하고 싶어 바람으로 살랑살랑 따라와 엿듣고 가는 것을 보았다.

핸드폰을 많이 쓰면 배터리가 금방 바닥나는 것이 당연한 것처럼 앞뒤 안 보고 죽어라 달리면 사람도 금방 방전된다. 슬럼프는 '배터리가 10% 미만입니다'와 같은 경고 메시지이다. 그냥 나무로 서서 초록을 피우며, 한 줄기 풀잎으로 흔들리며 살고 싶을 때는 눈 감고 그렇게 해보자. 나는 법정 스님을 참 좋아한다. '그 소나무는 가지에 보름달을 올려 한밤중에 나를 불러내었다.' 그렇게 살고 싶다. 바람이 고요히 흐르고 흙냄새 진하게 풍겨오며 햇볕이 따스하게 자리 잡고 푸른 하늘이 가없이 펼쳐지는 이곳에서 때론 초록으로 살며 곱게 나이 먹고 싶다. 영혼에 스며드는 물방울 같은 초록, 그건 사랑이다. 새는 하늘이 있어 날개를 퍼덕이고 꽃은 바람이 있어 향기를 피운다. 함께 조화로우면 바람이 나뭇가지를 스치고 지나갈 때의 자유로움처럼 거리낌이 없을 것이다. 하늘과 땅 사이에 함께 사는 것, 만물로 하여금 제각기 그 삶을 완수하라는 조물주의 엄명 아닐까 해석하며 환하게 웃어본다.

꿈꾸는 중년

한라산의 실루엣이 점점 어둠으로 사라진다. 구름을 밀고 가던 바람도, 바람을 밀고 가던 구름도 어느새 자취를 감추었다. 아! 어둠 속에 혼자 갇혔다.

우리 집 옥상은 조용히 하늘과 자연, 땅의 기운까지도 느낄 수 있는 편안하고도 영적인 곳이다. 눈을 감고 초록의 향기를 음미한다. 지금은 꽃보다 초록이 고운 녹음방초라 함께 초록 속으로 빠지는 느낌이다. 엊그제 예초한 풀냄새까지 향기로 코끝이 간지럽다. '흠흠.' 우리 집 복실이처럼 더 코를 벌렁거리며 향기 찾기에 몰입해본다. 들꽃이 되는 것 같다. 들꽃은 햇볕을 찾아 옮겨 다니지 않는다. 그 순간에 온몸을 다해 몰입할 때 어느새 행복이 환하게 깃들어 있음을 비로소 깨닫게 된다.

신은 인간에게 삼천 가지의 재능을 지니고 태어나게 한다. 그런데, 나는 신이 그만 깜빡하였는지 한 가지도 특별한 재능이 없다. 무딘 뇌를 작동시켰다. 내 이미지는 어떠한가? 한 번 보면 기억할 수 없는 평범한 모습에 코믹한 구석도 없고 노래, 춤도 엉성하기 그지없다. 그나마 부지런한 공으로 사람들에게 욕은 먹지 않고 있다. 남들은 농사짓는 일은 기본으로 하고 온갖 일들을 섭렵하며 폼 나게 돈 벌며 잘사는 데 나는 늘 집안에서 허우적대었다. 꿈을 갖는다는 것이 사치처럼 내 것이 아니었다. 시부모님 거스르지 않고 집안일 잘하며 아이들과 남편 시중들며 사는 일이 주부라고 생각했다. 큰며느리의 사명감과 엄마, 아내의 행복이 어쩐지 채워지지 못하는 밑 터진 독에 물 붓기 같았다. 몸은 시들어 가고 이유 모를 불만이 쌓여갔다.

'용서해'의 『삶의 마지막 축제』를 만나며 인생의 터닝 포인트를 결심했다. 하고 싶어 하는 것이 무엇인지 깨닫는다면 그 일을 미래의 어느 날로 미루지 말고 또 그 일을 할 수 없는 이유를 찾지 말고 '바로 지금' 시작해야 한다는 것이다. 흘러가는 시간은 언젠가 이룰 꿈을 위해 마냥 기다려 주지 않으니까 지금이 기회라는 소리가 심신을 깨웠다. 무엇 하나 내세울 것이 없는 내가 목표를 세웠다. 잡초 가득한 가슴에 잡풀을 뽑아내고 물을 줘 꿈을 심었다. 원예치료를 배우고 '정혜원' 지적장애인들과 향기로 교감한다. 식물을 이용해 비누, 샴푸, 손수건, 차, 쑥 부침, 매실 장아찌, 부채까지 나도 놀랍다. 그들의 마음까지도 어루만지며 하하 호호 아줌마의 얼굴이 발그레 홍조 되어 고와진다. 내가 치유된다. 타고난 내 안의 씨가 싹트는 아름다움을 느낄 줄 아는 중년이고 싶다. 예고 없이 달구어지던 상반신과 얼굴 때문에 아무 데서나 웃옷을 벗어 던지고 싶었고 우울이 방문을 걸어 잠그게 했던 갱년기가 어느 순간 사라졌다. 지금은 "내가 언제?" 말끔하다.

이제 '나이를 먹는다는 것은 숫자일 뿐이다.'라고 큰소리칠 수가 있다. 쉬지 않고 삶을 가꾸면 향기로운 여운이 감돌아 저절로 향기가 생기게 되는 것이 아닌가 싶다. 꿈을 꾼다는 것은 삶의 목적을 찾는 일이다. 그 꿈에 도전하는 것은 목적을 향해 가겠다는 의지이다. 꿈은 오십 중반의 여인을 갱년기로부터 탈출시켜 주었다.

더 나은 선생님이 되기 위하여 책을 펼친다. 실습도 해본다. 무감각에서 벗어나기 위하여 주문을 외워보기도 한다. 감각이 살아야 더 사랑하고 더 헌신도 가능하니까 말이다. 꿈은 목표이자 방향이다. 돈 때문이 아니라 감히 세상에 보탬이 되는 일이라고 자신을 추켜세운다. 남들보다 앞서가는 것이 아니라 '잘사는 것'이다. 자신감과 희망을 품는 것이 엔진 오일을 갈아줄 때처럼 힘이 생기는 일이다.

시냇물과 바다에 목소리를 주셨듯 무심한 듯하면서도 배려해 내게 평범을 주신 신께 자연스럽게 살아갈 수 있음을 감사하고 싶다.

어머니

'한들한들' 흔들리고 몸에 착 감기는 긴 원피스를 입었다. 얼굴 감추고 몸만 거울에 내어놓으니 '사뿐사뿐' 새색시처럼 곱기 그지없다. 중년을 잠시 잊고 '누굴 만나러 갈까?' 잠시 들뜸의 너울이 일렁인다.

추석을 앞두고 아버지 산소에 벌초 갔다. 딸 넷 중 이번 벌초에 동참한 둘째가 고마운지 어머니는 연신 부엌과 텃밭, 안방을 오가며 무엇인가를 부지런히 챙기셨다. 김치, 장아찌, 자리젓, 보리쌀은 부엌에서, 호박잎, 고추, 물외, 깻잎은 텃밭에서, 냉동고에 담아둔 감물까지 내놓으셨다. 그래도 부족한지 옷감을 눈짐작으로 쓱쓱 가위질해 재봉틀을 몇 번 요리조리 돌리시더니 원피스가 탄생했다. 오도카니 앉아 신기하게 바라보는 내게 지나듯 이런 말씀하신다. "죽기 전에 하영 해줘야 헐 것인디 눈도 침침허연 바늘귀도 꿰지 못하고 미싱질도 허천드래만 허여젼 큰일이여."라고 하시며 어머니 돋보기 안에 눈이 흐려진다. 가슴이 철렁 내려앉는다. 희수(喜壽)를 코앞에 두고 당뇨 때문에 병원 출입이 다반사로 하시지만, 어머니는 늘 우리가 필요한 곳에 계셨다. 언제든지 우리가 필요하면

손을 내밀어 잡아주실 것으로 알고 있었다. 그건 중년의 딸이 무지한 억지를 부리는 것이다.

침놓고 병풍 그리셨던 외할아버지와 저승옷으로 바느질품을 팔던 외할머니 솜씨를 어느 정도 물리셨는지 눈썰미가 좋아 한번 본 그림을 다시 그려내는 솜씨가 보통은 넘으셨다. 옷감만 생기면 뚝딱 하면 가방, 옷, 덧신, 토시, 이불 등 온갖 것을 다 만드는 요술쟁이 어머니 덕분에 안방은 바느질 쌈으로 늘 어수선하였다. 가게에서도 마음에 드는 물건이 있으면 그것만 입력 장치가 되었는지 다른 것은 다 까먹고 입력된 물건은 그림을 그리듯 선명하게 재현하셨다. 손 맵시도 한통속인지 어림짐작으로 음식을 만들어도 간이 삼삼하고 모양도 있어 빛깔 나고 맛도 입에 착착 감긴다. 여섯 남매 중에 나만 솜씨를 물리지 못한 젬병이다. 언니는 손매가 야무져서 음식, 뜨개질, 바느질이 척척박사이다. 셋째는 한국화를 그리는 화가이며, 넷째는 만들기, 그리기, 서예까지 초등학교 선생님으로 손색이 없다. 사십 넘어 교대 편입하고 선생님이 된 대견하고 부지런한 동생이라 모두에게 자랑하고 싶어진다.

"분명 주워 왔을 것이야."라고 재봉틀 일 바쁜 옆에서 투덜대니 "경해도 니가 날 하영 닮았져!" 하신다. 유독 내 걱정을 많이 하신다. 착한 것은 삶에 별 도움이 안 된다는 것이 어머니 지론이시다. 밭에 있을 때가 제일 행복해서 밭일을 즐겁게 하고 있으니 걱정 안 해도 된다고 하면 말도 안 되는 소리라고 일축하신다. 딸의 팔자

탓을 하시며 잡초를 함께 뽑고 감귤 수확도 나보다 더 걱정 많이 하신다. 시댁 제사에도 꼭 메밀묵 쑤어 중간에 만나 건네받는다. 직접 네가 한 것으로 하라는 당부 잊지 않으신다.

어머니가 돌아가시기 전에 된장은 내 손으로 담아야지 싶어 삼 년 전부터 일일이 확인하며 말씀대로 담는데 어머니 손맛 따르려면 멀고 먼 것 같다. 이제 재봉틀이라도 제대로 다룰 줄 알아야 할 것인데 바쁜 핑계가 많아 자꾸 차일피일이다. 당뇨 후유증으로 하루가 다르다고 총기 있을 때에 딸에게 하나라도 더 알려 주려고 언제 올 수 있느냐고 채근하신다. '휴가 내고 기필코 옷 한 벌 만들어야지.' 계획은 계획으로 마감되었다. 올여름 휴가는 남동생 식구와 어머니 모시고 담양온천 다녀왔다. 작년에는 딸들만 어머니와 서울나들이하였다. 올해가 더 기뻐하시는 것은 며느리와 손자가 함께 있어서 든든하고 자랑스러운 것 아닌가 싶었다.

나는 우리 딸에게 어떤 어머니인가? 남기고 물려줄 것이 무엇인가? 부끄럽다. 늘 바쁘다며 허둥대고 맵시도 없다. 자상하지도 않다. 오히려 딸이 더 나를 이해하고 토닥여준다. 잔소리를 해도 한쪽 귀로 들어 흘려보내지 않고 가려들을 줄 아는 지혜롭고 착한 딸에게 엄마 노릇 좀 하여야겠다. 딸이 시집가 아기를 낳으면 할머니가 좁쌀 베게 만들어주고, 배냇저고리와 기저귀도 만들어 주어야겠다. 엄마의 체면치레는 하고 살아야 할 것이 아닌가 하고 반성한다. 내년으로 미룰 것이 아니라 주말에 열 일 제치고 어머니에게 옷 짓는 법을 배워야 하겠다. 목표를 정하고 그 일에 대한 열망이 불타오를 때에 원하던 일이 이루어질 것이다. 어머니의 빈자리는 살아계실 때에는 모른다. 돌아가신 다음에야 절절히 느끼게 되는 것이다. 살아계실 때에 한번이라도 더 빈자리를 깨닫고 싶다. 그 어머니에 그 딸이 되어야겠다. 후일 손자 손녀가 "우리 할머니 최고!" 라고 말해주면 굉장히 으쓱할 것이다. 우리 어머니처럼 같은 음식에도 부패를 시켜 썩히는 것이 아니라 익혀서 발효시켜 유용하게 하고 싶다. 가족은 짐이 아니라 축복이다.

7월을 힐링하다

오월의 따스한 햇볕과 싱그러운 바람이 익어 7월이 되자 땡볕과 더운 바람이 한꺼번에 쏟아져 몸은 삽시에 소금에 절인 배추가 되었다. 육지는 매일 폭우로 물난리를 겪는데 제주는 장마라고 분갈이를 한 화분 속 꽃들도 더위를 견디지 못해 죽는다고 아우성이다. 그늘 찾아 몇 번씩 자리를 옮겨주고 물을 먹이며 "저 먹구름 보렴. 내일은 틀림없이 비가 오고 말 것이야!" 어르고 달래며 하늘바라기만 열심히 했다. 장마에 물먹고 키를 키워야 하는 콩, 조, 참깨와 채소들은 자꾸만 땅으로 몸을 숨기려 하고 있다. 중부지방은 물난리에 남부지방은 폭염이다. 하늘은 냉정해 장맛비를 골고루 분배해주지 않았다. 맥없이 쓰러지는 일은 게으른 사람들이나 하는 일이다. 따지고 보면 7월의 땡볕은 참으로 고마운 선물이다. 달콤한 과육을 만드는 것은 여름의 땡볕이 있기에 가능하다. 배려와 공감과 사랑의 꽃이 우리 마음속에 활짝 피어나는 따뜻한 봄날도, 나무들이 바람에 가지가 휘는 법을 알게 하는 겨울도, 나무에 떨켜를 만들고 땅으로 돌아갈 준비하는 나뭇잎의 가을도 우리는 감사하게 받아들여야 한다. 투덜대던 마음이 한결 가라앉는다.

소금기를 말끔하게 세탁하고 싶었다. 그 날이 그 날처럼 시간만

축내며 7월을 보내기는 오십넷의 중년이 왠지 아까웠다. 휴가를 내고 배낭을 꾸렸다. 심산유곡의 물소리, 바람 소리, 새소리를 듣고 싶어 몇 군데 암자를 검색해 수첩에 기록하고 나머지는 마음가는 대로 가면 그만이다 싶었다. 동네친구 몇이 배를 타고 차를 갖고 GPS에 의존하여 완도에서 남해로 향하였다. 장흥 토요시장에 파프리카 사 먹으며 탐진강에 발 담그고 그냥 깔깔거렸다. 순천만 갈대숲에 노을이 타는 것을 보았다. 이튿날 장대비 아랑곳하지 않고 하동 수박밭에 수박 따기를 하고 낙숫물소리 들으며 하동아줌마가 바쁜 일손 할애해 만든 매실 다식도 참 맛났다. 대구에서 달려와 주신 스님 덕분에 세계 최대 와불 모셔진 '백천사' 구석구석 헤집어 보며 시원한 냇물소리에 마음도 씻었다. 3대 지장보살 도량인 남해 용주사에 지장보살님도 뵈었다. '육환장의 지팡이로 아둔한 나를 한번 툭 쳐주시면 안 될까요?'라고 마음으로 빌었다. 평안하다. 안개로 한 치 앞만 겨우 볼 수 있는 보리암에 올라 그 아름다운 남해를 안개 속에 가두어야 하는 장마가 야속하였지만 우리는 "다음에 또 오면 되지 뭐!"라고 깔끔하게 아쉬움을 접었다. 금산 사자바위 벼랑 끝 부소암도 안개 속이다. 십육나한님을 모신 스님의 전설 같은 옛이야기를 듣고 간이 잘 맞는 차를 몇 잔씩 맛나게 마시고 돌아오는 길, 산장에 들려 부침개와 막걸리를 곁들여 할머니의 구수한 젓가락 장단 노래를 들으며 몸도 마음도 링거 맞은 것보다 더 힘이 불끈 충전되었다.

소금에 절여져 천 근쯤 느껴져 아무것도 하기 싫었던 몸을 움직여 에너지의 수준을 높였더니 에너지가 충만해지고 강해지며 맑아지는 것이다. 표면의식은 잠잠해지고 옳고 그름도 따짐이 없어진다. 표현할 수 없는 지혜와 자신감과 용기가 우러나오는 느낌을 받았다. 부정적인 생각의 늪을 빠져나와 감사의 마음을 품고 좋아하는 일을 하고 기운을 늘리며 몸의 소중함을 자신에게 알렸다. 요즘 멘탈헬스로 뇌와 마음과 몸을 치유하는 사람들이 많다고 한다. 7월 장마와 더위에 짜증나고 무력해지는 자신을 훈련해야 한다. 자신을 존경하고 그 존경을 자신에게 표시해주면 7월은 저절로 힐링이 된다.

2박 3일의 여정이 요즘 나를 봄의 새싹처럼 쑥쑥 에너지를 충전하고 있다.

가을

가을 이야기

'라이너 마리아 릴케'의 「젊은 시인에게 주는 충고」라는 시는 마음이 답답하고 일이 풀리지 않을 때 몇 번을 소리 내어 읽고 나면 '펑' 뚫리며 기분이 좋아진다.

마음속의 풀리지 않는 모든 문제들에 대해
인내를 가지라
문제 그 자체를 사랑하라
지금 당장 해답을 얻으려 하지 말라
그건 지금 당장 주어질 순 없으니까
중요한 건
모든 것을 살아보는 일이다
지금 그 문제들을 살라
그러면 언젠가 먼 미래에
자신도 알지 못하는 사이에
삶이 너에게 해답을 가져다줄 테니까

젊었을 때의 계절사랑보다는 오십 넘어 철 좀 들어 그립고 아쉬움

이 무엇인지 가슴과 몸으로 느낄 수 있을 때의 사시사철 표정을 담고 싶다.

여름부터 가을 계획을 세웠다. 중년이 되도록 설악산 자락을 밟아보지 못해 늘 동경하고 소망하고 있었다. 소망만으로 얻을 수 있는 것은 이 세상에 극히 적은 까닭에 지극히 원하고 가치 있는 것은 무엇이건 몸을 움직임으로 얻을 수 있는 법이다. 한 달 전부터 비행기 예약 완료하고 휴가도 신청했다. 아이들에게 '봉정암' 기도하러 간다는 집안의 역사적 사명을 엄마가 수행하는 것처럼 의미심장하게 선포하였다. 땡볕은 익을 대로 익어 들판의 곡식은 타들어 가고 하늘은 비 내리는 일을 잊은 것 같았다. 깊은 산의 바람 소리, 시냇물 소리가 몹시 그리웠다. 임 기다리는 사람마냥 손가락을 꼽으며 배낭을 채웠다가 비웠다 반복하며 드디어 나섰다. 비님을 기다리던 간절함은 밤사이 온 데 간 데 없고 눈부신 햇살이 그지없이 고마워 하늘을 향해 아부 섞인 미소를 보내고 바다를 건넜다.

봉정암을 오르는 길은 고행이었다. 발을 헛디뎌 일행들에게 폐가 될까 봐 긴장하여 걷는 데 집중하였다. 깔딱 고개의 아홉 능선을 오르고 나서야 숲을 볼 수 있었다. 성미 급한 나무는 어느새 몸단장하고 나섰다. 9월의 한라산은 기백이 아직도 시퍼렇게 살아있는데, 새삼 기후가 다른 곳에 왔음을 실감했다. 설악산 계곡은 겨울채비가 분주하다. 확실히 봄은 남쪽 바다에서 소식이 전해지고 가을은 깊은 산에서부터 알림이 온다. 아래쪽 산채에서 연기가 자욱하고 사람들 줄을 선 모습이 그림처럼 펼쳐진다. 가슴이 콩닥콩닥, 볼이 발그레하니 상기되었다. 그렇게 보고 싶어 하던 하얀 관세음보살을, 이제 몇 분 후에 그 앞에서 절을 할 수가 있게 되었다. 누구를 위하여 이곳에 온 것이 아니라 나를 위해 왔음을 당당하게 말할 수 있어야 함을 느꼈다. 모자람을 채우려고 온 것이 아니라 채워있는 욕심을 덜어내야 한다고 자신을 토닥토닥했다. 아들이 시험 준비하는 데 게으름의 마군이 침입하지 않도록 살펴주시기를 기도했다. 맹목적으로 합격하게 도와달라고 하는 것은 억지임을 살면서 더 터득하는 일이다. 햇볕조차도 너무 많이 쪼이면 화상을 입는다. 무엇이든지 지나친 것은 오히려 모자람만 못하다고 하였다. 내친김에 대청봉까지 올랐다. 신이 났다. 기분이 좋아지고 나쁜 기운이 다 빠져나가고 아주 즐겁고 기쁜 영혼이 마음자리에 들어섰다. 내 몸에서 신이 절로 나온 기분이다.

가을은 뜨겁게 사랑하거나 쿨하게 떠나는 계절이 아니라 그렇게 봄, 여름을 보냈으니 정리를 해야 하는 그런 때이다. 삶은 하나의 산등성이를 넘고 또 다른 산봉우리로 이어지는 것인지도 모른다. 산봉우리가 아무리 험해도 자신이 어떻게 오르고 내리는가에 따라 달라진다. 가을산이 말을 걸어온다. 귀를 쫑긋 세우고 다람쥐 따라 숲속을 숨바꼭질한다.

나뭇잎이 팔랑 내 어깨에 내려앉는다.

가을의 기도

바닷가 구릉에 산국이 봉긋봉긋 물오르더니 하나둘 볼을 터트리기 시작했다. 옆에 선 억새가 손부채를 자꾸만 팔랑거려 간지러워서 서둘러 나올 수밖에 없었다고 눈을 흘긴다. 그래도 기분 좋은 모양이다. 몸을 자꾸 바람 쪽으로 기울며 춤을 춘다.

나는 참 운이 좋다는 생각을 오십 줄에서부터 하기 시작했다. 마흔 말미에 직장 얻어 바다와 올레길, 억새밭을 코앞에 두고 일을 한다. 출근길에 억새가 마치 도열한 군인들이 대장을 안내하듯이 나에게 일제히 깃발 쳐들고 '우우우'하며 반긴다. 퇴근할 때에 황혼이 얼마나 고운지 눈물이 날 정도이다. 지고 있는데도 저렇게 찬란하고 당당할 수 있는 것은 노을밖에 없을 것 같은 생각이 든다. 가을은 황혼이 더 아름다운 계절이다. 서녘이 온통 붉게 달아오르고 해는 자꾸만 커져서 산기가 차면 순간 하늘 속으로 풍덩 하고 빠져버린다. 황혼을 따라 달리다 보면 어느새 집이 가까워진다. 대문에 들어서면 날마다 색이 달라지며 토실해져 가는 감귤이 반긴다. 감나무도 벌써 잎과 열매가 붉게 옷을 입었다. 먼나무 열매는 익기도 전에 동박새가 동을 낼 모양인지 인기척에 후두둑 날갯짓 소리가 굵은 빗방울처럼 들린다. 성질 급한 나도 바로 집안으로 들어서지 못하고 마당을 서성이게 된다. 이것이 충만일 것이다. '법정 스님'은 텅 빈 충만에서 비발디나 바하의 가락보다 더 그윽한 음악을 숲에서 우짖는 새 소리에서, 산골의 시냇물에서, 대숲을 스치는 바람 속에서 들으며 모든 것이 넉넉하고 충만하여 텅 비어 있음이 오히려 가득 찼을 때보다 더 충만하다고 표현하였다. 아주 조금은 나도 그런 느낌이 평온하게 만들어준다. 감사하는 마음이 몸까지 부풀어 올린다. 두 손을 모아 하심으로 절을 하지 않아도 기도가 된다. 가을은 내게 물질의 풍요보다는 마음의 풍요로움이 사람을 진정으로 더 잘 살게 해주는 길임을 깨닫게 해준다. 자연과 가까워지는 만큼 마음도 자연을 닮게 되고 자연을 닮으면 너그러워지고 편안하여지는 것 같다. 마음에 넉넉한 여백을 많이 남겨두고 지혜의 통로, 사랑의 통로, 감성의 통로가 열려 하늘이 쏘아 보내 주는 직관이 내게 꽂히게 하고 싶다. 이 가을엔 누군가에게 정말로 필요한 사람이 되고 싶어진다. 그냥 귀로 듣지 않고 마음으로, 가슴으로 들어주며 터놓고 말하고 응어리를 녹아내리게 진실함을 담아주고 싶다. 매일매일 일상의 바람이 지나가도 가을은 특별한 바람으로 예의를 차려 가을을 대하고 싶다. 그동안 나태했던 몸과 마음을 부지런히 움직여 가을 햇살에 곡식이 여물 듯 나도 튼실해지고 싶다. 나이를 더해가는 것만으로 사람은 늙지 않는다. 이상과 열정을 잃어버릴 때 비로소 늙는 것이다. 가을에 나는 호기심 많은 중년이고 싶다. 에너지 레벨이 낮아져서 뇌가 정상적으로 작동하지 못하여 자신을 불행하고 용기없고 소극적인 사람으로 전락시키지 말고 행복한 사람이라고 인정하며 운명의 노예가 아니라 운명을 지배하는 사람이 되고 싶다.

가을은 숲으로 들어가 나무와 풀과 꽃과 새와 더불어 물장구치듯 몸과 마음을 말끔히 씻어내고 그렇게 휴식하며 회복하고 싶다. 시선이 왜곡되어 '헛것'을 보고 '헛것'을 말하게 하지 말기를 바란다. 진실을 진실로, 선의를 선의로 보지 못하고 흠잡고 흉보고 욕까지 하는 상스런 마음은 얼씬도 하지 않기를 간절히 바란다.

감귤밭에서 술래잡기하던 밝은 바람도 이제 좀 쉬고 단비가 놀러 와주기를 요즘 매일 한라산 허리를 보며 기도한다. 눈부시게 아름다운 기적이 안 일어나도 가을빛을 닮아 마음에 평화가 오고 얼굴 빛깔이 달라지고 싶다. 이 세상 괴리 때문에 고독하지 말고 스스로의 통찰을 통해서 고독해지고 싶다. 가을에 사랑하는 사람들에게 안부를 물어야겠다. 사랑은 '지금'하는 것이니 감정 그대로, 생각 그대로, 살아온 그대로 먼저 마음의 문을 열고 초대를 하고 싶다.

숨통을 틀 수 있는 계절 가을은 기도가 꼭 기도가 아니어도 기도가 된다.

꽃이 피는 동안

'볼라벤', '덴빈', '산바'가 휩쓸고 간 산하의 모든 것은 뒤죽박죽이 되었다. 비님도 기겁했는지 통 내려오지 않았다. 구월의 햇볕이 달콤함을 모르는 것은 아니지만 햇볕만 받으니 목이 말라 자꾸 야위어 갔다. 태풍에 실려 온 바닷물 먹은 나무들은 훌훌 옷을 벗더니 꿈길을 걷듯이 꽃을 피웠다. 철쭉, 벚꽃, 매화, 목련이 길가를 수놓았는데 모면서 뭉클하였다. 삶의 위기에 꽃을 피워야만 하는 그들의 절박함은 생명의 외침이었다.

중년의 나는 철모르는(?) 꽃이다. 아직도 철이 덜 들어서 계절 모르고 언제든지 피어있는 동안은 행복하다. 감히 신비한 자연에 견줄 일은 아니지만 나를 보는 것 같아 꽃을 껴안고 토닥토닥 다독여 주고 싶었다. "힘들지! 하늬바람 부는 싸늘한 계절에 꽃만 피우고 열매도 맺지 못하여 떨어지고 말겠지만, 꽃을 피우는 동안은 아름다운 꿈을 꿀 수가 있어서 참 기쁘지." 파르르 떠는 꽃잎이 알았다고 응답하는 것 같다. 부처님 염화미소가 여기에 있었다. 작년, 십여 년 동안 적을 둔 방송통신대학교를 졸업하였다. 가까운 이웃들은 손자를 두게 된 할머니가 무슨 공부냐고 사서 고생한다고 모두들 알 수 없다는 표정이었다. 그런 그들에게 "난 꽃을 피우는 중이야!"

라고 말했다. 실은 안간힘을 썼다. 바쁘고, 아파서, 대소사가 겹쳐서 시험을 못 치를 때는 발을 동동거렸다. 밑줄 그어가며, 핸드폰 끄고 약속도 취소하며 열심히 외우기를 반복했다. 주관식 문제를 받고 머리가 하얗게 되어 엉뚱한 답만 써놓고 집에 온 그날 밤 꿈속에서 달달 외웠던 해답이 완벽하게 적어지면 너무나 기뻐 화들짝 일어나보면 한바탕 꿈이다. 너무나 속상해 그냥 두자고 다짐하지만, 마약에 중독된 사람처럼 손이 떨리며 허전하고 갈팡질팡 헤매진다. 며칠 후 다시 책을 펼치는 자신과 만나게 된다.

공부하는 동안은 중년이 아니라 청춘이라고 세뇌했다. '나이가 들면 굳어지기 쉽다. 몸이 굳어지고, 생각이 굳어지며 호기심이 사라진다. 지나간 경험에 안주하지 않고 새로운 감각에 몰두하는 것, 과거의 시간에 머물지 않고 미래의 시간을 향해 걸어가는 것, 그것이 아이처럼 살아가는 비결이다.'라고 성공한 사람의 글을 읽은 적 있다. 흉내라도 내고 싶었다. 소중한 꿈을 이루기 위해서는 피땀을 쏟는 노력이 필요한 법이다.

이제 졸업을 해도 여전히 근로자이며, 휴일엔 밭일하고, 오름 오르고 길을 걷기도 하며 친구끼리 수다 떠는 아줌마이다. 조금이라도 변한 것이 있다면 자존감과 자신감이다. 쓸모없는 부정적인 생각 그물에 걸려들었을 때는 한발 물러서서 이런 상태를 지켜보는 여유가 생겼다. 허우적거리면 실타래처럼 자꾸 엉키게 되어 있다. 원예치료사, 자연 해설가로 사람들 앞에 설 때에 두려움이 없어졌다.

넉넉해지는 나이 덕분도 있지만, 잘하지는 못했지만 마라토너처럼 조급함 없이 완주할 수 있었기에 가능한 것이라 본다. 흰머리가 드문드문 섞임과 갱년기 증상으로 삽시에 땀이 쏟아져 내리며 얼굴이 벌겋게 달아오르는 우울함이 간헐적으로 찾아와도 자연스러움인 양 마음도 몸도 물 흐르듯 흐르면서 살 것이다. 내가 가진 보잘것없는 재능이라도 멋지게 나누고 시간도 나누며 동안(童顔)처럼 살고 싶다. 씩씩하게 마음을 잡고 에너지를 충전하는데도 이따금 지독한 외로움에 빠진다. 몸과 마음이 물에 푹 젖어 가라앉으려고만 한다. 바람과 햇살에 말리려면 속도가 필요하다. 이럴 때는 쉼이 있어야 한다. 주변에 좋은 사람이 많아도, 책을 읽어도 좀처럼 외로움이 떠나지 않을 때가 있다. 주저앉아 버리면 우울증에 걸리고 만다. 그래서 나는 슬프거나 고독하면 마음을 찬찬히 들여다본다. 그리고 너무 오래 고독에 잠기지 않도록 어루만져준다. 보잘것없는 나를 사랑해 줄 사람은 자 신이다. 산하에 들꽃은 누가 쳐다봐주지 않아도 스스로 귀하게 여기며 열심히 줄기를 밀어 올리고 꽃을 피운다. 열매를 맺지 못해도 꽃이 피면 아름답다.

한 달 만에 납신 비님은 가을에 핀 꽃 봄꽃을 데려갔다. 하늘은 눈이 시리게 파랗고 봄꽃이 떠난 자리에 잎이 오고 이웃 가을나무에는 열매가 새록새록 잠을 자며 살찌우고 있다. 저마다 견뎌야 하는 아픔 뒤 기쁨이다.

되로 주고 말로 받는 여자

하늘은 너무 파랗고 바람은 하늬가 되면서 밖으로 자꾸만 유혹했다. '이 가을엔 있는 시간을 몽땅 책 읽는 일에 투자하여 책 속에 파묻혀 독서의 계절을 보내자.'라고 굳게 맹세하고 앉으면 바람과 햇살이 자꾸 꼬드겼다. 귀만 얇은 것이 아니라 마음도 얇은 나는 언제 맹세했느냐 싶게 책장을 넘겨보기도 전에 벌써 나섰다.

혼자 걸어도 가을 길은 벗이 많다. 걷기는 인간이 세상과 대화하는 가장 오래된 방식으로 삶을 살아가는 중요한 수단이다. 바람, 햇살, 나무, 풀, 꽃들이 소곤소곤 나에게 걸어온다. 음치의 흥얼거림이 곡조를 타면 알고 있는 노래를 모두 끌어다 붙여 혼자 엄청 신이 난다. 어떤 날은 너무나 우울하고 슬퍼져 날씨 탓이라고 우기며 길을 나서기도 했다. 사람은 사람과 어울림이 순탄해야 하는데, 나는 오래 친하고 싶은데 삐거덕거리는 친구들이 간혹 있다. 쪼그려 앉아 풀꽃에게 하소연했다. "중학교 때부터 여고를 함께 다니고 사회에 나와서도 한결같이 만나 웃고 슬퍼하며 서로 흉허물없이 지내던 친구가 나를 피해. 그가 약속을 안 지켜서 화를 냈거든." 이라고 말하자 풀꽃은 풀풀 웃는다. "친구끼리는 잘잘못을 따지지 말아야 해."라고 일러준다. 내가 퉁명스럽게 "화해하러 몇 번 찾아

갔는데 없었고 다녀간다고 메시지 넣었는데 응답이 없었다."고 하자 풀꽃은 여전히 풀풀 웃기만 하였다. 그의 웃음 메시지는 이렇게 말해 주는 것 같았다. '사랑을 만드는 훈련, 나보다 남을 먼저 생각하는 훈련, 욕심부리지 말고 미워하지 않는 훈련 에너지가 필요해. 그렇게 할 수 있지?'라고 말이다. 구겨진 마음이 한번 다림질을 한 것처럼 펴졌다.

내 마음에 생명이 흐르면 기쁨과 감사, 온유함과 화평이 마음에 가득하여 주위 사람들에게 흘러넘치게 되어 있는 것이다. 나는 잘했는데 친구는 속 좁게 군다고 타박할 것이 아니라 평소부터 섭섭함이 쌓여 일이 이 지경까지 된 것은 아닌지 다시 한 번 찾아가 마음을 열어야겠다. 살아가는 일에 솔로몬의 왕처럼 지혜롭고 알렉산더 대왕처럼 강인해질 수 있게 바라지만 말아야 한다. 몸과 마음이 함께 원하고 행동해야 할 것이다. 내 마음을 비우고 비워서, 내 사랑을 나누고 나눠서 내 삶에 아가페 사랑이 활짝 피어나도록 해야 할 것이다.

올가을은 비가 없어서인지, 지난여름 혹독한 태풍 영향인지 단풍이 곱지가 않다. 맨 먼저 붉은 옷을 입은 사람주나무는 단풍이 곱기로 단연 으뜸인데 색이 곱지가 않아 속상하다. 어진 사람들은 산을 좋아한다. 독한 사람도 산식구들이 봄, 여름, 가을 그리고 겨울에 순응하며 사는 것을 보면 저절로 어질어지는 것 같다. 숲길을 걸으면 마음에 평화가 오고 누구나 시인이 된다. 비가 걸어오는 소리를 듣게 되고 햇살이 나무에 앉는 모습이 보인다. 나무 위로 지나는 바람과 귓가를 스치는 바람의 두께가 서로 다르다는 것도 알게 된다. 심지어 구름이 흐르는 소리까지도 감지하게 된다. 숲은 우리를 치유해주고 스승이 되어주며 벗이 되어 주기도 한다. 삶은 이성과 논리만으로 살 수가 없다. 숲은 잠자는 내 감성을 깨운다. 속담에 '바다는 메울 수 있어도 사람의 욕심은 못 메운다.'라는 말을 무색하게 만든다.

몸과 마음이 다 함께 조건 없이 베풀 수 있기를 이 가을에 소망해본다.

벌 초

요즘 태평양 뜨거운 열기로 태풍 발생이 빈번해졌다. 비와 바람이 잦아지며 또 하나의 걱정이 늘어났다. 형제들에게 벌초한다고 기별을 두어 일요일로 맞추어 두었기 때문이다. 예보는 20~80% 비 소식이다. 제수준비도 미리 해두었다.

백중 지나 음력 팔월 초하루까지 제주는 벌초 행렬이 장관을 이룬다. 우리 민족의 대표적인 효 사상을 보여주는 벌초(소분)는 조상에 대한 그리움과 예로 효성의 의미를 가진 미풍양속이다. 일가 친지들이 모여 산소를 찾는다. 벌초하러 다니면서 묘를 찾는 것은 쉽지 않다. 혹 덤불이 무성하고 이상한 길이라도 생기면 헤매는 시간이 벌초하는 시간보다 오래 걸린다. 객지에 나가 있는 사람들도 명절에 불참해도 소분에는 꼭 참석해야 불효를 면할 수 있다. 피치 못할 사정으로 못 오면 점심값이라도 보내는 성의를 보여야 한다. 몇 년 전에 아버지 산소에 소분(掃墳) 갔더니 웬걸? 말끔하게 정돈되어 있었다. 형제들에게 알리니 모두 어리둥절이다. 초하루 지나 며칠 후 공동묘지에 가보니 산 하나가 풀이 무성한 채로 있었다. 그 집에 기별하니 벌써 소분했다는 것이다. 사실을 말하며 어머니랑 산소에 가 확인했다. 버젓이 비석도 있는데 황당한 실수에 한바탕 웃음으로 마무리했지만 그 일은 혼자 한 것이 아니라 몇 사람이 함께 치른 실수이었다.

올해 우리 일가 벌초는 불효가 많았다. 사방에 묘들이 흩어져 있을 때는 10촌까지 모여 종일 호미질했다. 아낙들은 시장 봐 점심 준비하고 아이들은 마냥 소풍이었다. 돈내코에서 목욕하고 먹는 점심은 꿀맛이다. 그런데 사촌끼리 모아 묘터를 마련해 이장했다. 그리고는 저마다 틈나는 대로 소분을 해 결국 따로국밥이 되었다. 300여 평 되는 가족묘지는 3대 독자인 시아버지, 할아버지 내외분과 부모님만 모셔져 있다. 나머지는 억새밭이다. 시아버님은 연로하셔서, 남편은 몸이 불편해서, 세 아주버니는 바빠서, 소분 인력은 작은 아주버니와 나. 두 동서와 아이들이다. 부랴부랴 예초기 한 대 더 사고 새벽에 나섰다. 두 동서는 봉분의 풀 베고, 아이들을 풀을 나르고 아주버니와 나는 예초기로 억새를 베었다. 다행히 간간이 뿌려준 비 덕분에 땀에 절지 않고 일할 수 있었다. 마무리 무렵 삼촌네 모여 도와준 덕분에 오전에 끝날 수 있었다.

인력이 넘쳐 호미질 한 번 하면 묘 하나는 단숨에 끝나던 때가 그립다. 차리고 간 제수음식을 절 끝나기가 무섭게 '게 눈 감추듯'했었다. 지금은 까마귀밥이 된다. '죽은 아방 곡두에 풀도 안 그치는 놈'의 제주도 속담에 절로 고개가 끄덕여진다. 옛말에 "식게 안 헌 건 놈이 모르고, 소분 않은 건 놈이 안다(제사 안 한 것은 남이 모르지만, 벌초 안 한 것은 남이 안다.)."라고 했다. 조상의 묘에 잡초를 베어내고 묘 주위를 정리하는 일은 자손들의 당연한 몫이다. 추석 전에 벌초를 안 하면 조상이 덤불 쓰고 명절 먹으러 온다고 하였다. 몇 년 동안 풀을 베지 않으면 나무뿌리가 유골을 휘감아 자손이 벌 받는다고도 한다.

신세대는 화장 문화를 선호하고 있다. 나라에서도 권장하는 일이다. 좁은 국토에 묘지가 차지하는 부분이 상당하기 때문이다. 그러나 있는 묘는 잘 관리해야 한다. 내가 잘못되면 조상 탓을 할 것이 아니라 잘되는 일들이 모두 조상의 보살핌이라 생각하자. 그러면 감사하는 마음이 절로 생겨나고 열 일 제쳐놓고 벌초부터 하게 될 것이다.

며칠 비, 바람 걱정했는데 오히려 참 고맙고 감사했다. 큰일을 한 사람처럼 으쓱해진다.

부처님 미소가 백만 불

우여곡절 끝에 비행기 트랩을 밟았다. 가을볕이 찬란하게 쏟아지고 있었다. 비행기 창 너머엔 뭉게구름이 소풍 나왔다. 구름은 나무, 바위, 동물의 모양을 만들며 여유롭게 놀고 있었다. 바다도 볕이 좋아 푸른 카펫을 깔아 놓고 기분 좋게 낮잠 중이다. 나도 구름, 바람, 햇살이고 싶다.

버겁다고 느껴지는 짐을 내려놓고 싶어 나선 길이다. 직장, 시아버지 진지, 식물보호기사 준비, 학교, 농사, 시어머니 병간호, 집안일까지 일이 홍수를 이루었다. 돈부자는 신나지만 일 부자는 심신이 무겁다. 하지만 피할 수 있는 일들이 아니다. 해야 할 일들이니 기쁘게 하여야 한다. 한꺼번에 다 할 수 없으니 앞에 놓인 일에 열심히 하여야 한다. 지금은 구름처럼 여여(如如)해지자. 금방 마음이 새털같이 가벼워지는 느낌이다.

광덕사 불사에 서귀포불교대학 19기 몇몇 법우님들과 성지순례 길 자금을 모으며 계획하고 있었다. 일들이 많아 포기 직전이었다. 전전날 저녁에 다시 모여 "미타 삼존불 봉불식은 평생 만나기 어려우니 고꾸라지지 않는 한은 가야 한다."라고 하며 마음을 모으고 다른 일은 접기로 하였다. 일요일 가족과 함께하기로 한 벌초를 토요일 혼자 했다. 시아버님 진지는 죽을 쑤어 냉장고에 두고 조금씩 떠서 가스레인지에 데워 드실 수 있게 말씀드렸다. 사무실은 휴가 냈다. 남편에게는 철야정진하러 절에 다녀온다고 했다. 일이 척척 풀렸다.

청주공항에서 약천사 신도님들 만나 버스 얻어 타고 법주사, 구인사까지 덤으로 순례했다. 땅거미가 내린 후 '충북 단양 도락산 광덕사'에 도착했다. 서늘한 밤기운과 범상치 않은 기운이 광덕사 마당을 가득 메우고 있었다. 옷섶을 여미고 두손을 가지런히 모아 절을 했다. 비빔밥으로 허기를 달랜 후 세수도 못 하고 기도에 들어갔다. 법당은 연건평 3,000평에 6층으로 이루어졌다. 금동 백만 불이 모셔지는 중이고 미타 삼존불이 계셨다. 지금은 점안식을 안 하니 고깔을 쓴 허수아비에 불과하단다. 오늘 철야정진하며 마음의 때를 한 꺼풀 벗겨 볼 생각이다.

혜인 회주스님께서는 "내가 불교 덕을 보려고 하지 말고, 불교가 내 덕을 보게 할 신심이 있어야 한다."라고 하신다. 참선하며 '화두'로 분명한 나를 찾고 싶었다. 큰스님들 모시고 새벽까지 참선했다. 반가부좌해 앉은 다리에서 쥐가 났다. 콧등에 침 발라가며 다리를 꼬집어가며 애를 썼다. 영혼이 맑고 건강해야 무의식의 세계에서 신의 소리를 들을 수 있다. 잠재된 무의식의 세계에서 의식의 세계로 어느 순간 빛처럼 솟아오르는 직관을 갖고 싶었다. 욕심에 무리가 온 것 같았다. 쏟아지는 잠을 푸느라 기운만 소진한 것이 아닌가 싶었다. 잠깐 밖에 나와 찬 공기를 마시니 '나는 지금 맑음 중'이라고 별들에게 자랑하고 싶었다. 사시(四時)가 되어 미타삼존불의 고깔을 벗기고 점안식을 하여 영혼을 불어넣었다. 아미타불의 좌우보처 관세음보살과 대세지보살님 미소에 광채가 일었다. 발그레 상기된 볼, 생기 가득한 미소는 '관세음보살'하고 한 번만 불러도 간절함이 무엇인지 헤아려 다 들어 주실 것 같았다. 가슴이 벅차올라 두 손으로 지그시 눌렀다.

환희심이 무엇인지 이제야 어렴풋이 알 것 같다. 알 수 없는 떨림과 눈물, 부처님의 미소가 햇살처럼 퍼진다. 경이롭다는 말로 표현하기엔 부족하다. 지금 '이 순간'이 깨달음인 것 같다. 나는 지금 인식이 깨어 애쓰지 않아도 절로 아름다워져 있는 기분이다. 수많은 사람들이 전국에서 모였다. 그야말로 인산인해다. 그러나 아우성치는 사람 누구 없다. 부처님의 미소가 우리 마음을 소독해주고 있었다. 축복은 감사의 그릇이 준비된 사람에게만 주어지는 선물이라 했다. 붓다께서도 "자기 마음의 그릇이 깨끗한지 아닌지를 깨우치는 것이 '깨어있음'의 시작이고, 마음 그릇 어느 구석이 잘 닦이고 덜 닦이는지를 아는 것이 '알아차림'의 핵심."이라 하셨다.

혜인 큰스님께서도 불법은 대지 허공과도 같아서 모든 만물이 그 속에 존재하며, 또한 바다와도 같아서 그 깊고 오묘함을 설명할 수 없음이라 하셨다. 마음이라고 하는 땅에 지혜와 자비의 종자를 잘 가꾸어 보살이 되고 성불하는 종교가 불교라 하시며 우리는 일불제자인 형제요, 사해일가(四海一家)이기에 서로 존경하고 의지하며 돕고 살아야 한다고 거듭 강조하셨다.

사람의 향기는 살아온 대로, 걸어온 대로 저절로 풍겨 나오는 것이란 사실을 새삼 또 느낀다. 나무가 오랜 세월 생명력을 유지하는 것은 채웠다가 비우는 자기반성이 있었기에 가능한 것이다. 여름날 천하를 덮을 듯이 주유하는 녹음이다가 겨울에 모든 것을 털어내고 간절히 기도하는 저 성스러운 순환이 아니면 어떻게 모진 풍파의 세월을 버틸 수가 있겠는가.

사는 일이 감사하고 또 감사해야 하는 일임을 가슴에 새긴다. 성숙된 기분이다. 몇 밤 자면 생일인데 큰 선물을 받은 것처럼 벅차올랐다.

자연과 더불어 살면서

마음속에도 가끔은 태풍이 몰아쳐야 한다. 부질없는 잡동사니 생각들을 한순간에 쓸어내 버리고 모든 것을 새로 시작하는 결단이 필요하기 때문이다. 그러나 삶에는 아픔과 상처의 치유 대가가 엄청나다. 9월 중순에 비를 동반한 '나리'님 행차에 난리가 났다. 토요일부터 날씨가 사나워졌다. A급 태풍이라 한다. 토요일 강수량이 260mm에 중심기압이 960hpa이다. 일요일 아침에 천지가 비와 바람뿐이었다. 방송대 출석수업 있어 창문에 붙어 서서 한참을 갈등하다가 나섰다. 5.16도로 빗물은 파도가 되어 차 밑을 파고 밀려들었다. 바람은 차를 흔들고 비 세력은 윈도우 브러시를 무능하게 만들었다.

졸지에 황천객이 되는 것은 아닌가? 불안하고 무서웠다. 학벌이 필요 없는 오십 문턱에 무슨 바람으로 대학 다닌다고 객기 부려 이 고생인가. 한 시간 반을 헤매고 학교 도착하니 학생들이 몇 명 안 빠지고 출석한 것이다. 배움의 열정이 이런 것이구나. 좀 전과는 달리 뿌듯해졌다. 점점 더 거세어지는 비와 바람, 밖은 이미 폭풍의 언덕을 넘어 있었다. 결국 오후 수업은 다음 주로 미루고 종 쳤다. 갈 일이 태산처럼 걱정이었다. 뉴스 속보는 복개지역 범람하고 동문

시장 휩쓸고 한마음병원까지 물에 잠겼단다. 도로는 물이 넘쳐 바다가 되고 차량통행금지 되었다. 억지 부려 길에 들어섰다간 물귀신이 당장 잡아갈 것 같았다. 학교 앞에 와 안전지대에 주차하고 라디오 켜고 어서 나리님이 떠나주기를 기다렸다. 오후 네시쯤, 비와 바람 기세가 수그러졌다.

차를 몰고 평화로 달려오는데 기다린 탁월한 선택에 스스로 대견해 했다. 990hpa의 위력과 300mm 가까운 비가 합세한 바람에 어제의 풍경은 간 데가 어디인지 찾을 수가 없었다. 가로수가 무더기로 뽑히고 다리가 부서졌다. 하우스가 기둥째 뽑혀 내동댕이쳐졌다. 범람한 물속에 집이 잠기고 차가 떠내려가고 사람 목숨까지 앗아갔다. 한 세대 넘게 살아온 노거수들이 맥없이 쓰러졌다. 산에 바위만 한 돌들이 무더기 거리로 몰려와 산을 만들고 도로가 동강났다. 서로의 안부가 쇄도했다. 제주특별자치도가 수해 비상사태 되었다.

직장에 출근해보니 정수장은 전쟁을 치른 곳을 방불케 했다. 강정천이 범람하여 물이 한꺼번에 몰려드는 통에 취수 펌프실이 진흙물속에 잠기고 건물이 뜯기고 유리창이 박살 났다. 사택 침수, 다리 난간과 원수장엔 각종 쓰레기가 쌓이고 흙산까지 생겼다. 나무, 진흙, 나뭇잎, 쓰레기가 범벅되어 길이 어딘지 분간 안 되었다. 당장 길부터 치웠다. 직원들은 며칠째 밤잠 설치며 비상근무로 파김치가 되었다. 군 관 민 모두 복구 작업에 나섰다. 군인들은 하우스복구에 동원되고 공무원과 시민은 온갖 쓰레기와 흙더미를 치웠다. 걷잡을 수 없이 쓰레기가 쏟아져 나왔다. 사람 손이 무서웠다. 20여 일 하고 나니 등을 펼 여유가 생겼다.

하늘은 아무런 일도 없었다는 듯이 높고 맑았다. 나무들도 초록이 지쳐 빨강, 노랑, 갈색으로 옷을 갈아입었다. 감귤도 황금으로 익어 간다. 서로 토닥이며 상처를 치유했다. 자연이란 좋은 면만 있는 것이 아니다. 자연의 이면은 어둠이다. 기쁨이나 치유 효과를 가져다주지만 동시에 죽음도 불러온다. 자연과 더불어 살면 지친 몸과 영혼을 씻어내고 맑은 눈을 뜰 수가 있다. 허나 갈수록 대기 오염으로 지구가 온난화되면서 예기치 않은 일들이 일어나고 있다. 이번 나리님 행차로 아둔한 나도 몇 가지 가르침을 받았다. 혼자서는 견딜 수 없는 고통, 슬픔도 누군가와 함께 비비면 따뜻하게 녹아내린다. 자연의 소리를 들을 줄 알아야 할 것이다. 향기, 소리, 색깔로 말을 걸어오면 우리는 눈, 입, 귀, 마음, 몸짓까지 열어 응답해 주어야 한다.

사막에도 저들을 버리지 않는 풀들이 있다.

바 다

유년의 바다는 '우르릉 콰쾅' 하얀 거품을 물고 달려오는 성난 짐승이었다. 무서운 꿈 자락에도 내 유년은 바다에 빠져 허우적거렸다. 산골 태생인 데다 옛날 마을 어른들이 '떡 한 시루에 바다를 바꿔버렸다.' 하여 눈치 보며 안의 바다에 들어가 무엇을 잡는 일도 겁나고 아예 바다로 눈길을 주지 않았다. 동네 아이들은 곧잘 물때를 알아 보말, 미역, 톳 등을 하고 와 칭찬받았다. 어머니는 이상하게도 남과 비교하거나 탓하는 일은 안 하셨다.

수영도 동네 냇가에서 겨우 개구리헤엄을 배웠다. 여고를 졸업하고 친구랑 여수 금오도로 여행을 간 적이 있었다. 마침 풍랑을 만나 일주일 갇히게 되었다. 섬의 소년은 물수제비도 잘 뜨고 헤엄도 물개 같았다. 그때에 바다를 조금 알게 되었다. 표면은 모든 것을 집어삼킬 것처럼 무서웠지만 속은 모든 것을 포용하는 인자하기 이를 데 없었다. 붉은 아침 해가 바다 위로 솟아오를 때의 황홀함은 천국이었다. 보름달이 뜨던 밤에 바다는 철썩이는 소리조차 숨을 죽였다. 바다는 온몸으로 달을 품었다. 뭐든지 받아 품어주고 길러주면서도 소유욕 없이 나눴다. 바다에 사는 사람들은 바다를 닮아 지혜롭고 부지런하다는 느낌을 받았다.

십수 년이 지났다. 地天命을 알아챌 중년에 섰다. 나는 아직도 어리석어 미혹되는 일이 많다. 다행인 것은 직장이 바다와 이웃이라 매일 마주하며 살고 있다. 내게 안식을 준 바다에게 매일 "고마워 참 고마워!" 그래도 부족할 것 같은데 무심하게 지냈다. 곁에 있으면 소중한 것을 모르는 어리석음을 범하는 것이다. 어느 날 문우님이 지나는 길에 차 한잔 마시러 들렸다. 부러운 듯이 "와! 매일 바다의 소리를 들어서 참 좋겠다. 바다가 하는 소리를 그냥 받아 적기만 하면 시가 되겠네."라고 고개 갸우뚱할 말을 남기고 갔다. 문우님이 간 뒤 바다에 섰다. 마음 열고 귀를 쫑긋 세우고 열심히 바라보았다. 무늬만 문을 열었지 여전히 어떻게 된 일인지 달라진 것이 없었다. 전에 작가 선생님께 글을 잘 쓰고 싶다는 말씀드리니 선생님께서 "작가는 우주의 언어를 받아 적을 줄 알아야 비로소 글 쓴다고 할 것이야."라고 하셨다. 나는 무슨 글을 쓰고 있을까? 부끄럽고 쑥스럽다. 잘난 척 '이상이 없는 사람, 꿈꾸지 않는 사람에게 미래란 없다.'라고 하면서 심사숙고 없이 등단하고 문우 대열에 합류했다.

특별하게 좋은 글을 쓰고 싶다는 욕심을 자주 바다에 소근거렸다. 바다는 나를 잘 모르는 것인지 헤픈 것인지 "넌 잘할 수 있을 것이야. 매일 나를 보며 한 줄의 느낌을 적어 보면 그것이 모여 멋진 글이 될 것이야."라고 격려해준다. 천군을 얻은 장수처럼 용기백배해진다. 누구나 가슴속에 시인이 살고 있다. 내 안의 시인을 잘 대접할 줄 알아야 한다. 바다는 내게 그런 것을 일깨워 주고 있었다. 바다는 나의 글밭이 될 것이다. 그리고 나를 사람답게 만들어 줄 것이다.

오늘 바다는 파란 카펫을 깔고 나를 초대한다. '도종환' 시인의 시 속의 파도는 안개꽃이다. 예쁜 드레스를 입고 나풀나풀 날아가 안개꽃 한 아름 챙겨 안기고 싶다.

세전지물

내게는 시할머니로부터 물려받은 물건이 하나 있다.

유서 깊은 화류장롱이나 귀목반닫이인 골동품이 아닌 예전의 생활도구이다. 할머니에게는 몇 가지의 세전지물이 있었다. 오동나무 궤짝과 놋그릇, 항아리 등 할머니의 소중한 것은 시어머님과 시고모님 몫이었고 손자며느리인 나에겐 풀 바른 구덕 몇 개와 '되악새기'를 주셨다. 그것도 시어머님이 마실 나가고 없는 은근한 날에 누가 볼세라 치마폭에 감추고 오셨다. 늘 "요 족 숟가락 호나 물려 받지 못핸 살아서." 입에 달고 사신 할머니가 할머니의 시어머니로부터 물린 '되악새기'를 큰 인심과 사랑으로 내게 물려주셨다.

되악새기는 '됫박'보다 작은 물건이다. 되악새기는 쌀 항아리에서 쌀을 꺼낼 때 셈하는 것으로 세 번을 담아야 한 됫박이 된다. 됫박은 세 번을 담으면 한 말이 되는 것이다. 이와 비슷한 물건이 또 하나 있는데 '솔박'이다. 솔박은 곡식을 퍼 담는 도구이다. 곡식의 겨를 분리할 때도 요긴하게 쓰인다. 예전에 친정어머니가 콩 겨를 털 때 하늬바람을 휘파람으로 불러내며 겨 분리하던 모습이 생생하다.

70년대 새마을 운동 바람이 불면서 무엇이든지 새것으로 교체

되었다. 길, 지붕, 변소, 수도에 그릇까지 단장되었다. 대대손손 내려오던 놋그릇들은 가볍고 산뜻한 스테인리스로 바뀌었다. 엿장수들은 살판이 났다. 엿 몇 가락에 낡은 것들은 모두 가져갔다. 하루아침에 우중충한 집안이 밝아졌다. 그렇게 몇십 년 안 되어 옛것들이 그리워지기 시작했다. 집집이 산재해 있던 놋그릇과 질그릇들은 수집가나 박물관에서나 볼 수 있는 귀한 것이 되고 말았다. 그런데도 할머니의 소중한 물건을 받으면서 기쁘고 반갑지가 않았다. 요즘 쌀통이 몇 인분인지를 정확히 가늠해주었고 콩을 털거나 보리를 깔 일이 없기에 무용지물 될 것이 뻔했기 때문이다. 그 이듬해 돌아가셨다. 청상과부로 한평생을 사시면서 세간이 너무나 빈곤하여 거두고 치울 것이 없었다. 흑갈색의 윤이 반지르르한 '되악새기'를 장식장에서 꺼냈다. 숨 쉬는 황토 쌀 항아리를 하나 들였다. 그 속에 되악새기를 넣었다. 밥을 할 때마다 쌀을 푼다. 할머니의 인정이 포근해지며 입가에 미소가 절로 생긴다. 윤기가 많이 가라앉기는 했어도 몇 대를 내리는 물건 앞에 마음의 옷섶이 여미어진다. 검소하게 살 것을 스스로 다진다. 검소하면 지나치게 무엇을 구하려 들지 않기 때문이다. 생각이 몸의 반응을 만들어 낸다.

나는 이 물건을 며느리에게 물려줄 생각이다. 시할머니의 고단했던 삶도 한 소절 엮을 것이고 시어머니와 나의 삶도 양념을 쳐 감칠나는 맛을 낼 것이다. 부자냐 아니냐는 그의 소유물이 많고 적음에 있는 것이 아니라 그것 없이 지내도 되는 물건이 많으냐

적으냐에 달려 있다는 것이다. 꼭 필요한 물건은 아니었지만 이제 내 살림에 꼭 필요한 물건이 되어 있어 나를 소소한 기쁨에 놓이게 하고 있다. 쓸수록 정이 간다. 할머니 손길, 숨소리, 한숨의 질곡이 배어 있어 더욱 정이 간다.

창문을 여니 가을바람에 대나무가 스스스 서로 몸을 비빈다. 옥빛 하늘에 걸린 흰구름도 한가롭다. 가을볕에 귤 알이 토실토실해지며 주황빛이 곱다. 평화롭고 아늑하다. 이것이 행복일 것이다.

아낙의 지혜롭고 총명함은 머리를 쓸 때가 아니라 마음을 쓸 때 발휘되는 것 같다.

고통이 깊으면 산이 된다

퇴근 후 매일 번영로를 달리다 보면 황혼을 만나게 된다. 그렇게 아름답게 곱던 노을이 마음 때문에 형상이 달라졌다. 이 가을, 황혼을 보면 가슴이 먹먹하다. 슬픔도 아닌, 황홀함도 아닌, 그리움도 아닌 차오를 듯하면서 채우지 못한 애잔함이 8할이다.

시어머니가 병석을 지킨 지 이제 2년 넘고 다섯 손가락을 꼽았다. 한번 일어나 보지 못하신다. 가을 초입부터 입맛을 잃어 통 수저를 가까이하려 하지 않고 한번 입을 꾹 닫으면 안간힘으로 열기를 거부하셨다. 식사시간만 되면 전쟁을 치러야 했다. 결국은 코에 호스를 꽂고 링거에 의지하게 되었다. 사태는 점점 심각해져 갑자기 열이 오르고 혈당지수가 300이나 되고 복수가 찼다. 의식이 혼미하여 산소 호흡기를 달았다. 폐, 간, 당 모두 긴급 상황이다. 내과 진료에서 호흡기로 의사 선생님이 달라졌다. 눈동자는 초점을 못 잡고 흰자위만 가득하였고, 입술은 바짝 말라 젖은 가재를 수시로 갈았다. 그 누구도 알아보지 못하였다. 그렇게 조마조마한 며칠 후 차츰 평온이 찾아 들기 시작했다. 아프다는 말만 되풀이하셨다. 우리는 그냥 '어머니! 힘내세요.'라고 밖에 속수무책이었다. 자식들은 일상으로 돌아가 저마다 분주해지고 어머니는 간병인하고 시간만

축내고 있었다. 서귀포 쪽엔 길거리에 막대기조차 얼씬 안 하는 농번기가 되었다. 11월 중순부터 본격적으로 감귤을 수확해야 하기에 11월 초 주말, 하룻밤 시어머니랑 지내려고 병원 갔다. 토요일 오후 집중 병실 333호는 적막하였다. 모두들 재활치료하러 지하에 가고 어머니와 간병인만 보는 순간 눈물이 왈칵하였다. 아무리 돈을 받고 하는 간병 일이지만 우리 박00 여사는 고맙고 대단하신 분이다. 시어머니가 서울에서 내려와 여기에 입원하면서 인연 되어 한번도 바꿔야 하는 일이 안 생기고 지극정성으로 살펴주신다. 시어머니께 '성님!' 하고 부른다. 간병인이 가고 기저귀를 보았다. 하마터면 '악'하고 소리를 지를 뻔하였다. 밑이 벌겋게 짓물러 건들기만 하여도 터져 피가 날 것 같았다. 설사까지 합세하여 마데카솔이나 오 일 갖고는 어림도 없었다.

얼마나 더 고통스러워야 안식을 취할 수 있을까? 사람들은 삶과 죽음을 비교할 때 '개똥으로 굴러도 이승이 낫다.'라고 한다. 이렇게 험한 고통을 주시는 것은 이겨낼 만하니까 주시는 것일까? 고통을 이겨낸 사람들은 산이 되는 것은 아닐까 하는 생각이 문득 일었다. 산은 비바람, 혹한을 다스려 기암괴석과 골, 언덕을 만들어 마침내 숲이 되고 산이 되는 것은 아닌가 싶다. 시어머니 손을 꼭 잡았다. 마음으로 염원했다. "어머니! 열심히 '관세음보살'을 불러 보세요. 간절하면 소원을 들어주신답니다. 신이시여! 어머니를 평안하게 해주세요." 내 눈과 마주치자 희미하게 웃는다.

이내 기침으로 얼굴을 찡그리신다. 맛있는 것을 드리고 싶어도 당수치 올라서 함부로 수저를 들 수 없다. 다른 동 간병인이 잠깐 문병 왔다. 옆에 있는 사람 누군지 아느냐고 물으니 "큰 며느리."라고 하신다. 그 순간 큰 며느리로서 책임과 의무가 내 어깨에 내려앉는다. 다른 형제들보다 더 어머니를 살펴야 하는데 직장 다닌다고, 손바닥만 한 과수원 일을 하면서 소임을 다하지 못했다. 어머니가 살아있는 날까지 좀 더 노력해야겠다. 기도도 많이, 병문안도 자주 하고 응답이 없더라도 말도 많이 해야겠다. 25시간을 시어머니와 보내고 돌아서는데 자꾸만 이상한 생각이 들어 쉽게 돌아설 수가 없었다. '고통이 심해도 살아서 우리랑 눈 마주해 주세요.'라고 메시지를 보냈다. 1박 2일 만에 밖에 서니 비 온 뒤 가을바람이 왠지 상큼하다. 느낄 수 있고 감탄할 수 있는 건강한 심신이 소중해진다. 차에 늘 곁에 두고 다니는 잠언집에 있는 '인디언의 기도문'을 큰소리로 읽고 차를 몰았다.

바람 속에 당신의 목소리가 있고
당신의 숨결이 세상 만물에게 생명을 줍니다.
나는 당신의 많은 자식 가운데 작고 힘없는 아이입니다.
내게 당신의 힘과 지혜를 주소서.
나로 하여금 아름다움 안에서 걷게 하시고
내 두 눈이 오래도록 석양을 바라볼 수 있게 하소서.
당신이 만든 물건들을 내 손이 존중하게 하시고
당신의 목소리를 들을 수 있도록 내 귀를 예민하게 하소서.
당신이 내 부족 사람들에게 가르쳐 준 것들을 나 또한 알게 하시고
당신이 모든 나뭇잎, 모든 돌 틈에 감춰 둔 교훈들을 나 또한 배우게 하소서.
내 형제들보다 더 위대해지기 위해서가 아니라
가장 큰 적인 나 자신과 싸울 수 있도록 내게 힘을 주소서.
나로 하여금 깨끗한 손, 똑바른 눈으로
언제라도 당신에게 갈 수 있도록 준비시켜 주소서.
그래서 저 노을이 지듯이 내 목숨이 사라질 때
내 혼이 부끄럼 없이
당신에게 갈 수 있게 하소서.

시 쓰는 일

음악처럼 순간 속에서 개인적 혹은 내적인 삶을 토로하는 글을 쓰고 싶었다. 즉흥적이며 순간적인 삶의 인식을 주관적으로 형상화하고 현재에 존재하는 순간적 감동이나 즉흥적 영감으로 서정시를 쓰고 싶었던 것이다.

여고 시절 시 쓰기로 몇 번 백일장에 갔었다. '김소월' 시인을 흠모해 서정시에 서정주의와 정연한 형식의 시를 우리나라의 전통적인 정서로 노래한 시인의 빼어난 시혼의 존재를 우러러 찬양하였다. 백일장 말미에 겨우 이름 올라간 몇 번을 제외하면 시를 쓰는 일은 어려운 숙제를 푸는 것처럼 힘들고 흥이 없어져 갔다. 달달 외우던 시들은 흔적 없이 지워지고 연정도 자취를 감추었다. 아이 키우고 농사짓느라 늘 머리맡에 두던 책들도 먼지가 쌓여갔다. 대책 없이 분주한 사십 대 중반의 어느 날 시를 좋아하는 선배 언니에게서 메시지가 왔다. "제주대학 평생교육원에서 시 창작과정 개설되었는데 함께 공부하자."

한 치의 망설임도 없이 등록했다. 하늘이 선물한 기회 같았다. 시우는 다섯 명으로 나기철 선생님 문하생이 되었다. 모두 시로 목숨 건 사람처럼 매달리는데 나만 핑계가 많았다. 배워갈수록 어려워지기만 했다. 매주 두 편씩 숙제를 내는데 숙제 싫어 결석했다. 그나마 시우들의 우정 덕분에 보이지 않던 것들이 조금씩 보이기 시작했다. 일 년 배우고 더 수강생이 생기지 않아 시 교실은 없어졌다. 그렇게 우리는 헤어졌다. 몇 년 후 우연히 서점에서 선생님과 해후했다. 사변 때 헤어진 부모·형제를 만난 것처럼 반가웠다. 연락하고 만났다. 시인되어 열심히 시 쓰는 일에 몰두하고 있었다. 수필 등단은 나 혼자라 괜히 멋쩍었다. 한 달에 한 번 만나 차를 마시며 좋은 시를 낭송하고 때론 자작시를 가감 없이 평가해주기도 하였다. 나기철 선생님 바리톤 목소리로 들려주는 노래도 우리를 기쁘게 했다. '자리가 사람을 만든다.'라고 했던가? 시인이 된 그들의 작품은 시간과 공간을 넘어서는 시혼의 존재가 느껴지는 것 같았다. '김소월' 시인에게 느꼈던 새로운 자연과 리듬이 있었다. H는 시소재를 찾기 위하여 틈만 나면 산, 바다, 들, 어디든 나선다고 했다. 밥 먹을 때, 잠잘 때에도 시만 생각한단다. 오십 권 안에 있는 시집도 과분하다고 여겼는데 그는 삼백여 권이 넘는단다. S 문우님도 내게 시를 권유했다. 수필 쓰는 것을 잘 다듬으면 시가 훨씬 잘 되겠다는 평까지 해주셨다.

독자의 감동이나 역사의 진행과는 상관없이 주관적이고 순수한 처지에서 자신의 글을 쓸 수가 없었다. 특히 시는 참깨에서 참기름을 짜내는 것과 같은 맥락이라 생각한다. 쭉정이를 뽑아내고 진하고 고소한 참기름을 만들어야 한다. 아직도 나는 서툴러 참기름,

들기름을 섞어버리고 만다.

요즘 수필 쓰는 일이 즐겁다. 잘 써져서가 아니라 소소한 일상을 담담히 풀고 있으면 삶도 그렇게 풀리는 것 같아 감사해진다. 글을 쓰고 무엇이 문제인지 봐 달라고 아는 선생님께 부탁드렸더니 글이 비관적이라 하셨다. "말이 씨가 된다."라고 하여서 부정적인 말은 가슴에 담아두거나 글 쓰는 데 얼씬도 못 하게 해 긍정적인 말과 낙관적인 사람이 되려고 하는데 어느새 글도 물이 들었나 보다. '미래를 보지 못하면 미래가 없다.'

진솔하게 글을 쓰며 중년 지나 노후 뜰까지 물빛 고운 자태로 서고 싶다. 비록 초년에 시 쓰기로 실패했지만, 글을 쓴다는 것이 얼마나 환희심 생기는 일인지 모른다. 나무가 겨울을 이겨내고 봄에 잎과 꽃을 틔우기까진 산통과도 같은 고통을 겪는다.

지옥인줄 알았는데 천국이었다

여름 말미부터 조짐이 보이기 시작했다. 어느 날 계단을 내리는데 무릎 결리는 느낌이 가슴에 찬바람을 확 몰고 왔다. 양쪽 무릎을 비교해보니 오른쪽이 부어 통통해져 있었다. 바로 다리 모시기에 들어갔다. 108배, 자전거 타기, 걷기를 중단하였다. 매일 뜨거운 찜질하고 좋은 파스로 마사지하였다. 그런데 나아지기는 고사하고 더 불편해 갔다. 정형외과 X-ray는 지방이 뭉쳤다는 진단이다. 약을 먹고 좀 괜찮아 보여 강원도 봉정암에서 대청봉까지 다리를 혹사시켰다. 내려오는 길 주저앉아 버릴 것 같아 이를 악물고 참았다. 며칠 또 병원을 들락거리며 무릎에 물 빼고 약과 주사를 투입해 겨우 진정시켰다. 치유 중, 법우(法友)들이 관음재일에 천배하면 효험이 좋다고 하는 말에 혹하여 압박밴드 의지하여 두어 시간 걸쳐 거사(?)를 치렀다. 아들 시험 날이 질풍처럼 달려오는데 아프다고 잉잉댈 수 없는 노릇이었다. 무슨 일이든지 해야 마음이 덜 불안하였다.

몸이 아프다고 말을 걸어오는데 짐짓 심술부리는 아이처럼 청개구리가 된 것이다. 몸과 마음에 쉼표가 있어야 한다. 늘 살피며 적당한 휴식과 쉼표를 허락하는 것이 참 행복한 건강의 비결이다.

리듬이 깨졌으니 탈이 날 수밖에 없는, 자명한 일이다. 몸을 어루만져 풀리게 해야 한다. 초조와 번뇌를 가라앉히고 계절이 지나가는 맑고 향기로운 햇살과 바람을 음미해야겠다. 맹목적인 삶에서 본질적인 삶의 깨달음이 필요하다. 엄마가 건강해야 우리 아이들이 안심하고 제 할 일을 할 수 있을 것이다. 제대로 걷지 못하여 병원신세를 다반사로 하고 지팡이에 의지하여 다닌다면 그것은 아이들에게 짐을 지우는 일이다. '바보'라고 스스로에게 꿀밤 먹이고 다시 병원을 찾았다. 혈액검사에도 의심되는 곳은 없었다. 물은 계속 고이고 빼기를 반복했다. 선생님은 MRI 검사를 해보자고 하셨다. 오십만 원 육박하는 검사비도 걱정, 소도시의 판독도 걱정이라 요즘 밤잠을 설치지만 해결책은 시간에게만 맡기고 있다.

'엎친 데 덮친다.'는 말처럼 신경성 과민반응으로 체하였다. 직원들이 번갈아 손을 따주고 등 쓸어 주는 수고를 해주었다. 3일 흰죽으로 살았다. 그래도 더부룩하고 위경련은 여전했다. 체 내리는 아줌마에게 다녀온 날만 환하더니 또다시 아픔이다. 혹시 위에 큰 병이 생긴 사실을 모르는 것은 아닌가 싶어 위내시경 받으러 가니 과장님 휴가 중이셨다. 머리까지 아파왔다. 코가 맹맹하더니 입이 칼칼하여 밥 먹기가 귀찮아졌다. 감기까지 합세하여 이구동성으로 봐 달라고 아우성이다. 아무것도 하기 싫었다.

햇살 좋은 날 양지에 해바라기하면서 앉아 조는데, 잠깐 꿈인 듯 생시인 듯 어느 법당에서 본 지옥모습이 스쳤다. 지옥과 천당의 차이는 별것이 아니었다. 천당은 많은 사람들이 질서정연하게 살며 먹을 것이 생기면 긴 수저로 본인이 먹을 수 없으니 상대방에게 떠 먹여 주고 있었고, 지옥은 자기만 먹고 살려고 긴 수저를 자기 입에 갖다 대지만 길어서 먹을 수가 없으니 아비규환이 되고 있었다.

눈을 뜨고 하늘을 보니 햇살이 부셔서 바로 볼 수가 없었다. 아! 그렇구나. 빛도 분산되는 초점을 모아 따스한 햇볕을 지구로 보내는 배려를 하며 사랑하는 것이구나. 어느 한순간 삶의 기력이 쇠잔하여 이것이 지옥인가 싶었는데 사실은 천국에 있었다. 나무가 겨울을 이길 수 있는 것은 자신을 비워 놓았기 때문이다. 이파리마다 잔뜩 눈을 짊어지고 겨울을 보낸다면 무게를 감당하지 못하여 봄이 오기 전에 가지가 부러지고 줄기가 부러지는 일을 당하여 곧 죽고 말 것이다. 원더우먼처럼 살려고 하지 말자. 고단하면 쉬고, 아프면 병원 가고. 내가 살아있음을, 일할 수 있음을. 아이들에게 달마다 생활비 보내고 이웃과 교감하며 가끔 서점에 들러 책을 골라볼 수 있는 기쁨과 들길을 걸을 수 있는 일에 감사하며 살자. 시간이 해결해주기를 기다리지 말자. 시간이란 우리가 사용할 것이지 얽매일 것이 아니다. 가슴이 뛴다. 가슴을 뛰게 하는 일을 하면서 살아야 한다.

중년에게 일을 묻다

'새는 날아가면서 뒤돌아보지 않는다.'

요즘 새가 부럽다. 과거에 계속 집착하면 현재도 없고 미래도 그저 그럴 수밖에 없다는 것을 머리로 감지하면서도 과거의 푸르렀던 날들이 자꾸만 앨범을 뒤척이는 듯하다. 모든 에너지가 소진되어 그 자리에 멈춰 선 듯한 느낌, 왠지 쓸쓸하였다. 중년이라는 것은 눈가에 주름이 제법 친숙해지고 잡아야 할 것과 놓아야 할 것을 조금씩 깨달으며, 삶을 눈으로만 보는 것이 아니라 가슴으로 볼 줄 아는 지혜가 점점 자라는 때가 아닌가 싶다. 나는 무엇인가? 삶을 킬링하자는 것인가? 힐링하자는 것인가? 속 빈 강정 같은 날들, 뜨거운 커피를 마시고 있으면서도 가슴에 한기가 느껴지며 영적 근육이 흐물흐물해져 볼품없어지고 이제 그만 불행이 없는 편안하고 안락한 삶을 살아지길 바라는 턱없는 욕심 앞에 어느 날 화들짝 놀라 깨었다.

치열하게, 그리고 우아하게 가장 빛나는 하루하루를 살아보자. 탄력 없는 얼굴에 빛이 반짝였다. 중년의 청춘이 꿈틀대었다. 욕망과 욕구에 갇히지 않고 내면 깊은 곳으로부터 우러나오는 자유로움으로 인하여 행복하고 싶었다. '장애인 근로사업장'에 입사하였다.

요즘 여자의 중년은 일자리가 무궁무진하다. 다만 어떤 일을 하는가에 따라 별빛처럼 어지러운 번뇌를 잠재울 수 있다. 컴퓨터는 걸음마 수준이라 일지 작성할 때마다 동료의 도움을 받고, 창고 속 물품 파악할 때마다 숫자가 범벅되어 몇 번씩 오르락내리락 땀이 비 내리는 듯하며 마음까지 활활 달아올라도 스스로에게 대견하다고 추겨 세웠다. 오십 후반에 '선생님' 소리 들으며 일하는 것은 아무에게나 주어지는 것이 아니다. '지금 잘하고 있는 거야.' 장애인들에게 좋은 쌤으로, 회사에는 필요한 사람으로 나이쯤은 바람 같은 것으로 여기고 싶다. 세상일은 공짜가 없다. 열심히 하면 컴맹과 건망증은 극복하리라 믿고 있다. 오늘이 아무리 고달프고 괴로운 일들로 발목을 잡는다 해도 그 사슬에 매어 결코 주눅이 들어서는 안 된다. 오늘을 사랑하지 않는 사람에게는 밝은 내일이란 그림의 떡과 같고, 또 그런 사람에게 오늘이란 시간은 희망의 눈길을 보내지 않는 법이다. 한 달여 휴일도 없이 야근까지 하며 물품을 제때에 납품하기 위하여 모두 고군분투하였다. 무사히 완납하고 휴가도 받고 선물도 받았다. 이제 겨우 3개월 근무했는데 몇 년을 지낸 사람처럼 곳곳이 친숙하다. 나도 누군가의 거울이 되고 싶다. 자기 삶이 누군가의 거울이 될 수 있다는 것은 참으로 아름답고 기쁜 일이다. 이제 마치 바다처럼 너그러워지고 옆으로 넓어지고 싶다. 함께 일하는 장애 근로자들에게 멘토가 되려고 노력할 것이다. 안내하고 보호하며 기운을 북돋아 주고 삶을 풍요롭게 만들어 주고 싶다. 진정한 연민으로, 단지 기도가 아닌 행동으로 중년의 일을 할 것이다. 아름다운 정원을 갖고자 하면 허리를 굽혀서 땅을 파야 한다. 사무실 2층 창에 걸린 한라산이 요염한 자태로 내 감각을 깨운다. 가을이 왔네!

겨울

운수(運數)맞는 날 / 1월이면 더 그리운 사람 / 중년의 터닝 포인트 / 건망증 환자 / 진수는 아부쟁이 / 중년의 기도 / 일손 모시기 / 무차를 마시며 / 모습 / 선물 / 바람처럼 구름처럼 / 사건1 / 사건2

운수(運數)맞는 날

신묘년이 잔칫집의 어린아이처럼 뽐내며 인기척을 낸다. 작년부터 들어와 앉은 운수납자는 3년을 다 채우고 나갈 작정인지 팔자 좋은 개처럼 드러누워 있다. 절에 공들이고, 시어머니가 하시던 대로 정초에 올래고사 치르고, 그래도 부족해 철학관을 찾았다. 모두 '조심해 살아야 조심 덕이 있는 법입니다.'라고 조언해주었다. 쥐띠 경자생은 신묘년 눌삼재이다. 재수 없는 사람은 뒤로 넘어져도 코가 깨지는 그런 운수 사나운 때인 것이다. 들삼재나 날남재 보다 더 조심해 살아야 탈 없이 해 넘길 수 있다는 말이다. 그러나 살아 있는 생명을 가둬 둘 수는 없는 것이 아닌가? 더 파닥이며 생동하고 싶었다. 3월 끝자락, 새끼노루귀가 눈에 밟혀 도저히 집에 앉아 있을 수 없었다. 새벽에 살그머니 집을 나왔다. 며칠 전 봄을 재촉하는 비도 내려 잔설은 서둘러 달아났는지 자취만 질척이고 있었다. 대단한 환경운동가 마냥 '스틱'은 무시하고 사라오름 가는 성판악에 발을 디뎠다. 아뿔싸! 숨어있던 잔설들이 복병처럼 나타나 긴장시키는 것이 아닌가. 노루귀나 족두리풀을 마주할 기쁨을 포기하고 오로지 걷는 일에만 몰두하였다. 계단을 오를 때에는 엉금엉금 기었다. 겨우 산정에 오르니 마음이 불안하여 풍경을 담을 그릇은 빼앗기고 없었다. 서둘러 하산하였다.

성판악 중간 휴게소 지나니 다소 긴장이 느슨해지고 걸음도 편해졌다. 그제야 이것저것 보이기 시작했다. 딱따구리가 나무 찍는 소리와 그들의 옹기종기 한 집. 돌돌돌 골짜기의 물소리. 아기손을 꼼지락거리며 하품하는 으름덩굴. 붉은 열매가 매혹적인 겨우살이. 날아오르는 일보다 총총걸음으로 사람 곁을 따르는 까마귀들. 심지어 나무속 물관이 펌프질하는 소리까지 들리는 듯이 산속은 경이로웠다. 처음 대하는 것처럼 '와와와' 감탄을 하며 한눈을 팔았다. 운수를 담당하는 신은 이 틈을 노린 것 같았다. 순식간에 엉덩방아 찧으며 오른손을 뒤로 짚고 온몸의 힘을 손으로 가하는 순간 팔목이 '아야야' 하며 아프다고 비명 질렀다. 성판악 사무소에서 응급조치를 받은 후 의료원에 갔다.

X-ray 결과 '팔목골절'이었다. 한 달 동안 깁스하고 한 달 후 다시 X-ray 검사받고 나아지지 않으면 또 깁스를 해 한 달을 더 살아야 하는 운명에 놓였다. 이 일을 어쩌란 말인가? 슈퍼우먼으로 살아야 하는 아줌마가 오른손을 묶어두면 왼손 혼자 어떻게 일을 감당하라는 것인지 참 막막했다. 당장 과수원에 전정, 비료, 보르도액 살포, 일주일 안에 든 제사, 사무실 일이 문제가 되었다. 먹고 자고 씻는 일과 청소, 빨래는 대충 하고 수강 중인 사회복지사 과정과 방송대 중간고사 준비는 펜을 못 잡으니 걱정이 태산 되었다. 발만 동동거리며 시간을 축낼 수는 없었다. 더 큰 재앙을 이것으로 땜질

해 주셨는지도 모를 일이다. 감사한 마음을 가지려고 마음을 다독였다. 과수원 일은 손이 나을 때까지 눈길도 안 주려고 마음먹었다. 사이버대학은 불편하긴 해도 서툴게 워드작업하며 계속할 수 있었다. 방송대 중간시험은 출석대체로 옮기고 나머지는 대리자 대동해 시험보기가 불편해 다음 학기로 미루었다. 아들의 시험 기도는 스님에게 의지하기로 했다. 이가 없으니 잇몸을 활용할 수밖에 없지만 얼마나 다행인지 모른다.

분주하던 생활이 마치 경작하던 논밭 같다는 생각이 들었다. 씨를 뿌리고 거름하고 잡초를 뽑아 작물이 자라 여물어 거두어질 때까지 얼마나 많은 이들이 분주히 움직이며 생명을 엮었나! 빈 밭은 한가로움과 적막이 감돌지만 실은 땅속에서 다음을 열심히 준비하고 있다.

'엎어진 김에 쉬어가라.'라고 했다. 겉은 쉼을 부여하고 내 안에는 다음에 틔울 싹을 위한 자양분을 저장해 놓아야겠다. 사람은 때때로 잠깐 멈춤과 자기점검이 필요하다. 그런 멈춤과 자기점검이 스스로든 어떤 이유에서든 적당히 조절하면 나이가 들면서 마음이 평화로워지고 얼굴빛깔이 달라진다. 팔자에 노예가 되지 말고 주인이 되는 슬기로움으로 삶을 가꾸어 갈 작정이다. 인간은 자연의 일부분이다. 비바람, 쨍쨍한 햇살, 눈보라, 한 치 앞도 볼 수 없는 안개 속에 지혜롭게 아우르며 살고 있는 것 아닐까 한다.

오른손만 열심히 쓰다가 왼손에 의지하게 되니 건강하게 내 몸의 일부로 충실해 준 곳곳이 감사하고 대접도 소홀하면 안 되겠다는 생각이 절로 일어난다. 철 지난 오십에 비로소 철이 든다.

1월이면 더 그리운 사람

자박자박 겨울비가 마음까지 적시며 대지를 흠뻑 취하게 했다. 일손이라고 한라봉 따는 일에 빌려간 비닐농장엔 빗소리가 '후두둑 후두둑' 사람을 더욱 그립게 만들었다. 소띠 해 1월에 세상을 보신 아버지는 너무 씩씩하셔서 기백이 넘치셨다. 거침없는 행동을 하셔도 마음은 찐빵만큼 따스한 분이셨다.

산골마을 7남매 중 장남자격으로 성안에 가 제주농고를 졸업하고 결국은 할아버지 뜻을 저버리고 마을에 와 소 농장을 만들고 키우며 사셨다. 덕분에 줄줄이 네 자매는 호미 잡을 줄 겨우 알게 되자 산으로 가서 촐밭 잡풀인 고사리를 베고 엉겅퀴를 캐고 소를 몰았다. 시골집 하면 어제 일처럼 무엇으로든 선명하게 그릴 수가 있다. 봄엔 소를 방목하러 산에 오르고 여름은 풀 뽑으러, 가을은 소 찾으러 한라산을 헤집어 다닌 것도 모자라 겨울엔 당번제로 먹이를 주며 물을 먹인 다음 작두로 풀을 썰어 보릿가루와 버무려 간식까지 챙겼다. 자투리시간을 꿰뚫어 노는 일을 용납 안 하셨다. 장작을 나르고 소죽을 끓이다 보면 방학이 다 지나버려 아이들과 눈싸움 실컷 해보는 것이 소원이었다.

아버지는 우리에게 당근과 채찍을 적당히 알고 사용하셨다. 봄엔

상동 따먹을 기쁨을, 여름은 냇가에서 물장난치며 참외랑 수박으로 배를 남산 만들어주시고, 가을은 다래, 틀, 졸갱이, 꾸지뽕까지 점심을 안 먹어도 배가 불렀다. 특히, 아버지가 끓여주는 말똥버섯이나 표고버섯탕은 지금까지 맛을 잊을 수가 없다. 집에는 소를 팔고 사는 사람들이 언제나 북적거렸고 아버지 흥정은 대체로 간단명료에 흔쾌했다. 6, 70년대는 밭값보다 소값이 더 우세하였다. 아버지는 딸 혼수로 몇 마리씩 주신다고 호언장담하셨다. 어린 마음에도 듬직하였다. 80년대 들어서면서 소값이 곤두박질 당하고 밭값이 서서히 오르기 시작했다. 그래도 아버지는 소를 사랑하셨다. 방목한 소를 찾아다니다가 지친 발걸음 쉴 때에 당신 손으로 어린 딸들 발을 조물조물 만져 주시면 어느새 피곤이 싹 가셨다. 며칠 우막에 잠을 잘 때에도 달콤하고 무서운 옛이야기 보따리를 풀어 우리를 깔깔 웃고 울게 하셨다. 소값 폭락으로 몇 마리만 두고 다 팔아도 아버지는 다시 사올 것이라며 당당하셨다.

가을산 열매를 따러 가신 것인지, 소 찾으러 가신 것인지 가을날 아버지는 북망산천으로 홀연히 가셨다. 어릴 적 잠깐 고생이 지금 얼마나 삶의 보탬이 되는지 아버지에게 보여드리고 싶다. 사무치게 그리운 날 하늘을 쳐다보면 아버지가 보고 계신다. "지금 잘하고 있어."라고 하시며 칭찬의 메시지를 내 뇌로 전달시켜 주신다. 주저앉고 싶어지다가 '내가 누구 딸인데 쉽게 포기하나?'라는 기운 센 힘이 솟아나게 한다. 깨달음은 만남을 통해서, 접촉을 통해서, 훈련을 통해서 얻어지는 것이 아닌가 싶다. 아버지는 우리에게 서로 손을 잡아주고 나누고 사랑하라고 훈련을 통해서 주셨다. 6남매가 만나면 아버지랑 함께한 일로 시간이 모자라게 쏟아내며 더 위해주며 살자고 다짐한다. 이제 흰머리가 희끗희끗한 딸은 부침개에 소주 기울이며 살아가는 삶이 아버지 닮아지기를 고백하고 싶다.

중년의 터닝 포인트

'꿈을 갖고 있는 50대는 늙지 않는다.'라고 자신을 추켜세우며, 어렵게 들어가 무기계약직으로 7년 근무한 직장에 사표를 제출하고 구내식당의 주인이 되었다. 우주는 문을 열고 기다리는 사람에게만 우연처럼, 필연처럼 요청한 것을 줄 수 있는 '우주의 법칙'이 있다. 그동안 다진 인맥도 내가 기댈 수 있는 언덕이라 자신만만하였다. 시장조사도 없이, 사전 훈련도 없이, 단지 느낌만 갖고 일을 시작했다.

주위 사람들은 다 혀를 끌끌 찼다. "미쳤나 봐." "인생의 쓴맛을 아직 못 보았구나." "호강에 겨웠네." "식당은 아무나 하나." "곧 후회하게 돼." 등 사방에서 모두 부정적인 시선과 걱정으로 시끄러웠다. 그래도 나는 인생의 쓴맛을 아직 못 봐서인지 용기백배하였다. 중년 아줌마가 새로운 일을 위하여 과감히 결단을 내릴 수 있는 자신감이 얼마나 어려운데, 내가 평소 하고 싶었던 식당을 운영하는 기쁨이 얼마나 설레게 하는지. 그래서 젊어지고, 건강해지고, 행복해진다면 된 것이라 생각했다.

이삼일 북적이더니 썰물처럼 빠져나가고 다시 밀물이 오지 않았다. 무엇이 문제인가? 구내식당을 애용하는 손님에게 내 화두를 놓았다. "밥도 하고, 국수도 하세요." "처음엔 적자를 각오해 푸짐하게 하세요." "이벤트를 하세요."

"휴우." 한숨이 절로 새어 나왔다. 용기백배하던 자신감이 자꾸만 수축하고 늦기 전에 접을까 하는 갈등도 생겼다. 문제가 있으면 답도 있는 법인데 머리는 아득하여 고장난 기계 같았다. 직원들에게 설문조사를 해볼까 하였다. 총무과 직원이 몇 달 더하고 하면 어떠냐고 해서 접었다. 부시장님 뵙고 부탁도 드렸다. 남은 밥으로 '쉰달이' 만들어 내놓고, 산에 가 꾸지뽕과 황칠나무를 구해오고 바닷가 갯방풍을 하고 와 물을 끓여 음료로 내놓았다. 보름씩 식단표를 만들어 올리고 감귤도 놓았다. 생선은 싱싱한 것이 생명이므로 새벽에 부두를 이용하는 것을 원칙으로 했다. 돼지고기, 닭고기 모두 아침에야 구입하는 것으로 승부를 걸었다.

그래도 여전히 손님은 60명 안팎이다. 평소 안면 있는 사람들도, 후배들도, 동창들도 인색하였다. 내게 문제가 무엇인지 곰곰 따지기 전에 슬픔이 자꾸만 목울대를 넘나들었다.

전에 함께 근무하던 직원 만나 소주 한잔하며 심정을 토로했다. 말릴 때는 들은 척도 안 하더니 벌써 후회하면 어떻게 하느냐고 퓨전음식을 만들어 젊은 직원을 겨냥하라고 일러준다. 아침에 라면도 끓여 전날 술 드신 직원들 속을 풀어 주면 좋아할 것이라고 한다.

하늘을 봤다. 동짓달 초사흘 호미달이 대설을 앞두고 푸르다.

슬프면 하늘을 보면 가라앉는다. 내가 지금 여기에 있는 것은 하늘이 허락했기 때문이다. 하루하루가 그냥 그저 주어진 것이 아니다. 나에게 일을 하라고 주어진 것이다. 나약해지면 중년의 터닝 포인트가 아니다. 지나온 길을 돌아보지 말고 지금 눈 앞에 펼쳐진 길을 힘차게 가야 한다. 지금 내가 하는 일이 나를 가장 행복하게 만든다. 냉기로 가득 찼던 마음이 더워지기 시작했다. 잘하자. 상냥하고 밝게 웃으며 음식을 정성껏 마련해 놓자. 지금은 힘들어도 차차 나아질 것이다. 오십 중반 아줌마의 마라톤 반환점을 돌아 이제 다시 희망을 향해 뛴다. 희망은 저절로 찾아오는 것이 아니라 찾고 만드는 것이다.

건망증 환자

남편은 잠자리 들기 전에 습관처럼 집 안팎을 점검하고 나서야 안심하고 잔다. 나는 성미 급한 데다가 한 술 더 얹어 잊어먹는 일이 더 심각하다. 귀에 못이 박이도록 '가스밸브는 잠갔느냐. 대문은 잘 닫았느냐. 자동차 키는 두는 데 두었느냐. 진수 밥은 챙겼느냐. 수도꼭지는, 다리미 코드는?' 하며 셀 수 없이 간섭하고 챙겼다. 정신없이 헤매는 나에게 지쳤는지 어느 날부터 당신이 챙기기 시작한 것이다. 시댁에서도 내 건망증에 두 손 들었다. 시어머니가 챙겨주시는 것들을 한번도 갖고 온 적이 없다. 현관까지 나오면서 잊은 것은 없는지 확인을 거듭하신다. 가계부를 하루 게을러 안 적으면 어제의 일이 까마득하여 정리할 수가 없었다. 외출할 때마다 자동차 키 찾느라 애먹는다.

이 건망에 모임 총무를 맡고 일하려니 분주할 수밖에 없었다. 금전이 연관되어 민감한 부분이라 일을 머리로만 기억하기엔 턱없이 역부족이라 나름대로 육하원칙을 세워 정리하고 있었다. 그런데 내 병을 잘 아는 이웃들이 가끔 억지를 부려 나를 슬프게 한다. 지금 해결되지 못한 속상한 일인데 육하원칙을 내세워 끝까지 주장을 펼칠 작정이다. 모임 참석하였는데 회비는 안 받은 일이라

꼼꼼히 기록했는데도 상대방은 여전히 내가 착각한다고 큰소리 뻥뻥 친다. "너 혹시 건망증 때문에 잊은 거지?"라고 치명적인 약점을 들추고 공격하는데 조목조목 설명해도 중증인 건망증을 들먹이며 속상하게 만들고 있다. 버선 속이 아니라 까 보일 수도 없었다.

모임이나 약속들은 바로 메모 안 하면 기억에서 삭제되어 버렸다. 바로 엊그제, 귤 따고 와 냄비에 쌀 얹히고는 밥만 생각해도 될까 말까인데 머리는 사방으로 뛰고 있었다. 저녁 약속 체크해 부지런히 챙긴 후 외출했다. 이미 안중에 부엌은 사라졌다. 이웃집 소기에 참석하고, 내일 귤 딸 때 간식 사러 마트 다녀오고, 일손 모시러 마실 다녀오고, 시간은 흘러 두서너 시간 지났을까? 남편 차 타고 운동가면서 흘러가는 소리로 "요즘 동네사람들 귤 따면서 식당밥 시켜먹는데 어머니가 아무 음식이나 드시지 못해서 밥하려니 번거롭네."라고 말하는 순간 번개처럼 부엌이 나타났다.

큰일이다. 이 일을 어찌할꼬. 벼락같이 소리치는 남편을 되돌려 집으로 돌진했다. 냄비는 이미 냄비가 아니었다. 집안이 연기로 가득 차 있었다. 순간 "오! 신이시여! 정말 감사합니다."하며 큰소리로 외쳤다.

화재가 발생했으면 망했다 싶었는데 얼마나 다행인가! 냄비 하나쯤은, 집안의 연기와 냄새쯤은 감수하며 살아야 할 고난이다.

앞으로 남편은 엄청 걱정이다. '이대로 가다간 집이 어떻게 될지도 모르고 사람도 제대로 집을 찾아올 수가 있을까?' 한다. 머리의 용량은 한정되어 있는데 잡스런 것들로 가득 차 병이 깊어진다는 것이다. 이웃들도 일을 줄이라고 입을 모은다.

'물론 치료해야지.' 우선 일을 줄여야겠다. 심신이 덜렁대어 더 그런지 모르니 아침에 30분 명상을 하며 진정시켜야겠다. 나이 먹을수록 기억력은 쇠잔하여 건망증이 심해질 것은 확실한 사실이다. 그러나 나는 늙을수록 벗어나는 변수를 보여주리라. 심신의 때를 벗고 나목처럼 이 겨울 자신의 거울 앞에 서 봐야지.

그대여! 보이거든 자신만만하게 걸어오라.

진수는 아부쟁이

진수가 벌써 일곱 살이다. 얼굴뿐 아니라 몸 구석구석에 세월의 흔적이 역력하다. 털갈이를 사시사철하고 눈곱 마를 날이 없고 짖는 본연의 업무도 귀찮아한다. 아양 떠는 일도 부쩍 줄었다. 저세상으로 떠날 날이 머지않았음을 짐작하고도 남음이 있다. 진수는 진돗개의 당당한 혈통을 받고 태어났다. 진수의 어미는 모두가 탐을 내는 그야말로 이름값 하는 진돗개였다. 일곱 마리의 아롱다롱 형제들 속에 눈이 유난히 예쁘고 총명한 예쁜 새끼를 골라 데려왔다. 족보 있는 녀석이 우리 집에 오면서 고행이 시작되었다.

처음에는 마루에 집을 마련하고 모두 예뻐 죽겠다고 온갖 치장을 해주느라 정성을 쏟았다. 이름도 진돗개의 '진'을 따고 빼어날 '수'를 엮어 '진수'라 만장일치로 정했다. 며칠 후 모두 제 할 일로 바빠지고 막둥이 훈이 심술풀이가 시작되었다. 손에서 놓아주지 않았다. 식량을 빼앗아 먹고 개집에 낮잠을 자고 꼬집고 물고, 던지기도 했다. 불쌍한 마음에 안아주고 쓰다듬어 주면 나에게 달려들어 하소연하듯 온갖 재롱을 부렸다. 어떤 날은 말썽꾸러기 훈이보다 더 사랑스러웠다. 막둥이도 철들면서 살갑게 굴기 시작했다. 동생 돌보듯 나긋나긋해지고 열심히 밥도 챙겼다. 그렇게 둘은 사랑하고 믿어주며 좋은 친구가 되었다.

외출하고 돌아오는 내 차 소리 들으면 길가에 마중 나와 달려든다. 위험하다고 말려도 듣지 않는다. 역시 혈통은 못 속이는 어느 견공보다 훌륭했다. 그런데 이웃들은 진돗개의 '진' 근처도 안 다녀온 X족이라 폄하한다. 갈색의 부드러운 털과 꼬리는 축 늘어졌다. 결정적인 것은 X를 아주 맛있게 먹었다는 것이다. 그리고 내 기를 팍 추락시킨 사고가 연이어 두 번 생기고 말았다. 싸움의 명수인 조상족보에 먹칠을 해도 유분수지, 암놈을 놓고 다투다가 거의 반 주음되어 나타났다. 털이 찢겨 나가 피투성이 되고 한쪽 눈에 피가 줄줄, 다리는 물어 뜯겨 손상되고 그야말로 인사불성이 되어 온 것이다. 화가 치밀어 진수를 잡아끌고 재도전 갔다. 비실비실 뒷걸음 치는 진수 보면서 다시는 너 보고 진돗개 운운하지 않겠다고. X보다 더 치사한 놈이라고 막 욕해주었다. 며칠 혼자 끙끙 앓더니 치유하고 나섰다.

내 눈치를 보면서 달려들어 혀로 간지럼 태우고 낑낑대며 몸 비벼댄다. 그래도 안 보면 다리 들고 잡아 달라 응석 피운다. 온갖 아부 떠는 그를 한동안 안 본 체했다. 하지만 열심히 애정공세를 펼치는 노력이 가상하여 가여운 생각도 들고 그만 사랑해주기로 하였다.

진수는 언제나 나의 차림을 보고 무엇을 할 것인지 알아차리는 것 같았다. 외출차림하고 나서면 살랑살랑 꼬리 흔들며 대문까지

전송해주며 조심해 다녀오라고 낑낑댄다. 일할 차림으로 나서면 신이나 먼저 밭으로 달려간다. 내가 늦장을 부리면 되돌아와 빨리 오라고 재촉한다. 기분이 좋아 어떤 날엔 달리기라도 함께 해주면 진수는 행복해 난리 난다. 우리와 촉촉한 일상이다.

함께 밭에 가는 것을 너무 좋아해 일하는 옆에서 뒹굴기도 하고 잠시 쉴라치면 어느새 내 무릎에 고개 박고 킁킁거린다. 쓸어 달라, 안아 달라, 놀아 달라고 떼를 쓰는 아부쟁이다. 어둑할 때까지 밭에 있어도 무섭지 않다. 진수 덕분이다.

이제 진수가 우리 곁을 떠날 날이 곧 올 것이라는 생각 때문에 너무나 가슴이 아려온다. 어떻게 해야 그를 잘 보낼 수 있을까? 고민도 된다. 정말 사랑스러운 녀석이다. 한평생을 우리와 함께 보냈다.

지난해 진수가 교통사고로 거의 죽다시피 했는데 기적적으로 살아났다. 막둥이는 펑펑 울었다. 우리 모두 고맙다고 칭찬을 아끼지 않았다. 걷지도 못하고 먹지도 못하고 혹시나 죽을 수도 있겠다 싶은지 과수원 후미진 곳에 열흘 정도 혼자 열심히 침을 발라가며 치료하더니 나타난 너무나 장한 진수다. 역시 이름값을 하고 있었다. “진수야! 사랑해!” 염화미소가 흘렀다.

중년의 기도

오십 가운데 서면서부터 몸도 늙어 팔, 다리가 자꾸만 아프다고 칭얼대어 병원 신세가 잦아졌다. 그런데, 어찌 된 영문인지 마음은 무뎌져 감동은 낯설어지고 있다. 집 뜰에 금잔옥대가 환하게 피어도 무심히 오고 갔다. 지나던 길손이 담장 너머 우리 집을 훔쳐보며 "어머! 작은 잎사귀에 노란 잔대를 받쳐 든 대견스런 저 꽃 좀 봐 너무 곱다." 감탄을 자아내며 부럽게 나를 쳐다본다. 수선화 앞에 쪼그려 앉았다. 고운 모습을 보아도 마음에 안 들어선 것은 어수선한 것들로 꽉 차 있다는 것이다.

지난해까지만 하여도 일부러 복수초를 보러 '왕이메'에 가서 눈 속을 헤집어 인사하고 렌즈에 담고 와야 일이 풀리는 듯하였다. 막 피어난 매화 따다가 차 한잔 우려 마셔야 봄 맞을 채비를 하고 예의를 다하는 기분이었다. 그러다가 찬바람 끝에 비라도 내리면 바닷가로 달려가 봄이 어디 메쯤 왔나 수평선을 뚫어져라 보다가 돌아오곤 하였다.

이제 텔레비전 앞에서 눈물, 콧물 훔치던 때가 옛날이 되어 버렸다. 불행 중 다행은 가슴에 온기가 싹 식어버리지 않았다. 지금도 '정호승 시인'의 '선암사'를 무척 사랑한다. "풀잎들이 손수건을 꺼내 눈물을 닦아주고, 새들이 가슴 속으로 날아와 종소리를 울린다." 이 구절에 매료되어 일부러 선암사에 들러 소나무에 기대어 우는 시늉을 해보고 해우소에 가서 근심을 비워보기도 했었다. 이제 나는 이렇게 늙어 가는가? 몸이 아픈 것은 중요하고 마음이 아픈 것은 대수롭지 않게 여기며 나이를 먹어가야 할까?

며칠 전 약천사 나한전 백일기도 입재했다. 마침 주말이라 사시예불에 동참하여 여유롭게 나한님들을 찬찬히 친견하게 되었다. 엄숙한 표정보다 익살맞고 개구쟁이 같은 모습이 정다웠다. 아라한과를 증득한 분들의 표정은 맑고 천진난만한 것일까? 갈수록 수심의 주름이 깊어지는 중년은 어느 정도 기도로 펴질 수 있을까? 기도란 것이 몸과 마음이 말하는 것이고 듣는 것이라 하였다. 깊은 침묵. 경배. 인내하고 간절하면 어떤 일이 일어나는지는 그냥 놔두면 편안해질 것이라 하였다. 100일 동안 내 목표는 나한전 기도이다. 이제 목표를 정하였으니 주인다운 목소리로 뇌에 그 사실을 전달해야 한다. 자신감 있고 당당하게 말할 수 있어야 하고 심장이 떨릴 만큼 감정을 실어서 말할 수 있어야 한다. 며칠 부지런히 새벽기도에 동참하고 있다. 게으름의 마군이 침범하지 못하도록 굳은 마음으로 행군할 일이다. 분명 100일 후 지혜와 자신감, 용기가 업그레이드된 나와 만나게 될 것이다. 지금 에너지가 충만해지고 맑아지며 기운은 밝은 쪽으로 흐르고 있다. 중년을 무미건조한 게 아닌 그 순간에 온몸을 다해 몰입하고 넓은 마음을 지녀 당당하게 생활하며 침묵하는 법을 알아 고요해지고, 고요함으로 타인의 소리를 들을 줄 아는 멋스러운 중년이고 싶다. 뇌에 부정적인 정보를 자주 정화해 뇌 속의 풍경이 아름다워지게 하고 싶다. 앞으로 닥칠지 모를 고난과 위험에 대해 성급한 판단을 하지 말고 다 잘될 것이라는 믿음으로 조심하면서 천천히 해 나갈 계획이다. 나이를 먹어도 마음이 따뜻하고 타인의 불행을 가슴 아파하며 나눌 줄 아는 착한 사람이 될 일이다. 현재에 충실하자. 내일 행복할 것이 아니라 오늘 행복해지자. 현재의 생활에서 벗어나서 어딘가에 대단한 무엇이 있는 게 아니다. 참모습은 자기가 서 있는 자리 그리고 생활 주변에 있다. 밖의 틀이 아닌 내 안의 틀을 깨부수어야 하겠다. 우리는 다 모자란 존재이기에 서로서로 기대고 살아야 한다. 외로운 타인에게 내 어깨를 내주는 좋은 이웃이 되어야겠다. 가난하지만 부끄럽지 않게 살고 추하지 말아야겠다.

육지는 눈 피해로 건물이 붕괴되고 꽃다운 젊은이들이 사고를 당했다. 기도하고 온정을 나눠야 하겠다.

나직이 봄을 알리는 비가 종일 자박자박 내렸다. 커피 향 나는 찻집에서 친구 불러 차 한잔해야겠다. 감사할 줄 아는 마음을 여니 얼굴 주름이 펴지는 느낌이다. 나이를 먹어도 가슴을 따라 사는 천상여자이고 싶다.

일손 모시기

6·25 난리는 난리도 아닌 감귤대란이 2015년 늦가을 제주를 덮쳐왔다.

만나는 사람마다 인사가 "미깡은 딴 폴아졈수광?"이다. 모두들 한목소리로 풀이 죽고 만다. "이놈의 웬수 미깡, 낭에 돌아매엉 놔둘 수도 없고 모지러부러사 맹년이라도 어떵 헐껀디, 살랜 허는 건지 죽으랜 허는 건지 하늘이 허는 일은 통 알지 못 허키여." 하며 처진 어깨가 더 우울해 보였다.

잦은 비 날씨로 껍질이 부풀어 오른 부피과는 왕찐빵 되었고 썩어가는 부패과는 저장이라도 해볼까 하는 마음에 찬물을 들이부었다. 집안의 부지깽이도 일손 도우러 나설 판인데 일손들은 씨가 말랐다. 상인들 사 놓은 밭에 몰려가고 있었다. 이웃의 일손 빌리는 일은 평소 쌓아놓은 친분이 크게 좌우되었다. 상인보다 삯이 좀 적더라도 인정이 덤으로 얹고 수눌음하며 두어 달 꾸준하게 수확하고 나면 눈 내리고 운 좋으면 김장까지 하였다. 이제 기후변화는 예측불허의 날씨를 만들어 올해처럼 애간장을 녹이고 있다. 농민단체에서는 상복을 입고 도청마당에 감귤 컨테이너를 쏟았다. 감귤가격이 심리적 마지노선인 '1만 원대'까지 무너진 것이다. 일차

산업이 무너지면 제주는 살아남기가 어렵다는 것을 제주의 삼척동자도 다 아는 사실이다. 제주특별자치도는 가격안정대책을 수립하고 나섰다. 그래도 농민은 여전히 불안하다. 공무원, 학교, 군인들이 일손 거들고 있다. 홍수출하도 악재다. 올해 53만 톤 예상량에 20만 톤 정도 출하되었다고 하니 매일 비에 젖어 지내는 감귤을 저장하고 절반은 썩히라는 결과밖에 해석할 길이 없다.

어제는 오랜만에 하늘이랑 햇살이 눈부셨다. 출근하지 말고 감귤밭에 갈까 망설이는데 친정어머니 전화이다. "져들지 말앙 댕기는 디 가민 놉 두어 사람 빌엉 느네 미깡 따크메 밥이나 해 놩 가라." 눈물이 핑 돌았다. 관절 악화로 2년 전 두 다리 수술하고 아직도 불편하시다. 직장 다니며 새벽마다 밭에 일하던 딸이 눈에 밟혀 앉아 있을 수가 없으셨던 것이다. 달리 애교부릴 줄 몰라서 "난 친정어멍 복은 이신거 닮아 양!" 함께 웃음으로 마음을 읽었다. 반성도 하였다. 천직을 찾는 사람들은 아주 신명나게 일을 한다. 거기에 값이 주어지면 더 고마운 일로 여긴다. 엄청난 생기와 열정으로 프로젝트에 뛰어들며 매 순간 자기 인생을 축복으로 여기고 감사해 한다. 농사도 경영이다. 하늘만 탓할 것이 아니라 내 탓을 해야 한다. 어려운 때일수록 군자가 되어야 한다. 옛말에 '和而不同'이라 "군자는 和하되 同하지 않으며, 소인은 同하되 和하지 않는다." 하였다. 和는 어그러지고 뒤틀린 마음이 없는 것이요. 同은 아첨하여 따르는 뜻이 있다는 것이다. 내 마음속에 그림자가 커지면 나도 남도 잘 알기 어려운 법이다. 힘들지만 완전한 실패는 아니니까 잘 이겨내야 한다. 숨이 붙어 있고 희망을 버리지 않는 한 기회는 온다. 농사꾼에게 밭은 마법의 장소이다. 그 성스러운 곳에서 대지의 정령들을 불러 말을 걸어보자. 휴가도 내고 휴일마다 좋은 날이길 빌며 부지런히 감귤 따고 나도 누군가에게 가슴 따스한 일손을 빌려드려야 하겠다. 이웃은 고마운 존재다. 인간사회라는 것이 이웃과의 얽힘이다. 의식주를 비롯한 모든 인생살이가 이웃이 있으므로 가능하다. 서로서로 고마운 존재이다.

무차를 마시며

깜빡깜빡 기억력이 숨바꼭질한다. 긴 터널 같은 겨울 지나 수다쟁이 식물들이 소나기처럼 부서지는 봄이다. 터질 듯한 봄날의 서정을 느낄 줄 아는 여유 앞에 나를 놓고 싶다.

어느 날, 저녁 아홉 시에 커피를 마시고 황당하였다. 5분 안에 잠 속으로 빠지던 내가 새벽까지 별별 짓을 다 하며 뒤척이고는 늦잠에 빠져 뒷날 일을 망쳤다. '가시낭에 걸어졍 이시멍도 좀 푸대라신디 늙엄구나!' 육체는 굳어지고 오장육부는 탄력을 잃어가 슬슬 반응이 시작된 것이다. 삶의 생기와 탄력을 찾으려면 심신을 닦고 나서 세상일에 참여해야겠다고 마음먹었다. 턱없이 좋아해서 하루 수십 잔을 물 마시듯 하던 커피를 두 잔으로 줄였다. 사무실에서 건강 차 연구하며 무차 마시기로 했다.

무차는 일반 무보다 10배의 칼슘을 함유하며 무기질, 비타민 등 인삼이 부럽지 않다. 골다공증, 당뇨병 치료는 시간문제다. 피부도 뽀송뽀송해진다는데 아직은 고개 갸우뚱하다. 살과 전쟁 치르며 고전하는 이들에게 반가운 소식일 것 같다. 무차는 월동 무가 훨씬 맛있다. 눈과 바람 속에 긴 겨울 의연히 몸을 낮췄던 장한 놈들이다. 차는 정성이 들어가야 제맛이 우러난다. 칼로 채 썰어 햇볕에 잘 말려 말랭이를 만든 다음 예열된 팬에 몇 번을 볶아 완전히 수분 빼고 예쁜 갈색 만든다. 식혀 밀봉해 둔다. 마음이 초조하고 산만해지면 차를 마신다. 누군가 그립거든 차를 마신다. 차에 따뜻한 기운을 따라 마음을 집중하다 보면 차분해진다. 차를 준 자연과 사람에게 감사하는 마음으로 향과 맛을 느끼면서 머금어 굴리듯이 마시면 참 행복하다. 신의 정상에 도달하는 것도 아니고 신 주위를 배회하는 것도 아닌데 신을 향해 가는 느낌이다. 차는 건성으로 마시면 안 된다. 정말 예를 다하며 마셔야 한다. 차를 만드는 공정을 떠올려보면 정성을 다해 만든 그 공으로 맛과 향이 진해지고 빛깔이 고와진다. 고민이 걸러진다. 날카롭던 것을 유연하게, 상처는 치유의 흔적으로 흐르는 물처럼 바람처럼 자유로워지는 것 같다.

내친김에 월동 무를 이삭줍기했다. 너무나 많은 무가 밭에 내동댕이쳐 있었다. 시장에 뭇값은 좋은데 무슨 이유일까? 한파 후유증으로 바람 든 무들이 상당했지만 쓸 만한 녀석들이 너무 아까웠다. 낑낑대며 가득 싣고 와 썰었다. 봄 햇볕과 바람에 이틀 만에 바짝 말랐다. 다섯 번 볶기를 거듭해 팩에 나누어 담았다. 차를 좋아하는 지인들과 골다공증, 당뇨로 고생하는 이웃에게 나누었다. 마음도 몸도 달달하다. 차를 마시면 맑고 밝다. 그냥 나무로 서서 한 줄기 풀잎으로 흔들리며 자연처럼 살고 싶어진다. 풀리지 않던 일들이 고요 속에 들어와 저절로 풀린다.

모슬

동짓달 문이 열렸는데 눈은 안 내리고 무슨 겨울비가 장대만 하다. 할 일은 산만큼 보이는데 시간은 도적 같다. 달력에 일정을 동그라미 치며 유독 12월 20일(음력 11월 8일)에 빨간 펜으로 몇 번씩 표시해 한눈에 들어오게 해 두었다. 다음 주 대선 다음 날 자시만 넘으면 여드레 당에 다녀와야 한다. 어른들은 '모슬 간다.'라고 통용된다. 가다가 아는 사람을 만나도 안부를 묻거나 아는 체해서는 안 된다, 그러면 정성은 물거품이 되고 만다. 마치고 나올 때에도 인사 없이 나와야 한다. 적어도 3일은 궂은 것을 보면 안 되고 네발짐승 고기도 삼가야 하며 부부간에도 살갑게 굴어서는 안 된다. 모슬은 오로지 정성이다. 당일바리 생선 구워 놓고, 돌레떡 빚어 과일과 술, 달걀, 삼색천, 액막이, 지전 만들어 구덕지고 동네어른들과 시간 맞추어 초여드레당을 다녀와야 마음 가볍고 일 년 송사를 다 치룬 큰 며느리로서 도리를 다한 것 같아 뿌듯함이 든다.

심방은 우선 동네가 무사안녕을 빌어준다. 어른부터 먼저 쌀점을 치고 액막음을 한 후 지 드리고 모든 것을 태우면 액땜이 되는 것이라 본다. 사연을 보따리 풀어 놓으면 집마다 내력을 모두 엿볼 수 있다. 상을 당하는 일, 궂은일을 명심하라고 언질 놓아준다.

특히 넋 나간 일은 귀신같이 알아 제때에 넋 안 들였다고 꾸짖기도 한다. 우리 몸의 넋은 머리에 세 군데로 나누어져 있다고 한다. 그중 가운데 넋이 잘 나간다. 나간 넋을 불러들이지 않으면 온갖 잡것이 들어와 몸과 마음을 어지럽힌다. 심지어 알 수 없는 병을 시름시름 앓게 되기도 한다. 사람에 놀란 일, 개에게 놀란 일, 물에서 놀란 일 등이 옛날은 주로 있었는데 지금은 자동차에 놀라 넋을 들이는 일이 제일 많다고 하니 시대의 변천이 짐작된다. 산업사회에서 봉건적 사고로 민간신앙에 얽매여 사는 젊은 여자가 한심스럽기는 하겠다. 하지만 나는 마을 신을 모시는 본향당이나 일레 당, 여드레 당을 시집오면서 시어머니 따라 꾸준히 다니고 있다. 사는 일이 잘 풀리면 고마워 본향당을 향해 두 손이 절로 모아진다. 제주의 민간신앙이 미신으로 취급되어 점차 사라져 가는 역사적 유물이 되고 있지만 사는 일은 과학적으로만 안 되는 일이 너무나 많다. 영령이 깃들어 있다고 믿는 나무나 바위에 기대면 마음이 얼마나 든든한지 모른다. '칠머리 당굿'이 문화유산으로 지정되었다. 폐습이라고 당 신앙에 불 질러 탄압을 받았던 지난날로부터 면면히 이어져 온 민간신앙인 굿과 당은 이제 당당한 제주의 유산으로 다시 재조명되어야 할 것이다. 이제 슬슬 모슬 갈 준비해야겠다. 흰쌀 불려 빻아오고 생선도 사다가 널어 꼬들꼬들 말려야지. 빛 고운 귤로 골라 잘 싸두고 지전 만들 창호지도 미리 준비해야겠다. 시집간 딸, 병원에 계신 시부모님, 시험공부 하는 아들, 군대 간 막

내 훈이에 액 막음도 미리 싸 두어야겠다. 올해도 무사함에 내년에도 모두가 평안하고 일이 잘 풀리기를 정성 다하고 싶다. 주체적으로 판단하고 행해야 되는 일까지 심방에게 의존하겠다는 것이 아니라 “신이여! 굽어살펴 평안케 하여주옵소서.”이다. 우주와 인생을 바라보는 사유의 틀이라 말하고 싶다.

선물

'행복을 원하면 행복을 심어라.'

어느 주지 스님 진산식에서 축하 메시지의 일부분이다. 원인 없는 결과가 없기 때문에 행복을 원하면 행복의 씨앗을 심으라는 말씀이시다. 진정한 행복은 더 행복한 삶의 조건을 만드는 것이 아니라 행복해야 한다는 강박으로부터 자유로워지는 것. 즉, 행복의 조건으로부터 자유로워지는 것이다. 산 넘어 파랑새가 물어다 주는 것처럼 생각하며 공허하게 가슴만 벌리고 살고 있었던 나는 행복할 리가 없었다. 철이 좀 드는 것일까?

마침 친구의 생일이 코앞에 다가왔다. 며칠 전부터 무슨 선물을 해줄까 봐 인터넷 쇼핑몰을 들락거리며 고민 중이었다. 눈이 지치도록 많은 상품으로 인해 혜안이 없는 나는 더 미궁 속으로 빠져버렸다. 그러다가 불현듯 자신에게 물어보았다. "내 생일에 제일 받고 싶은 것이 뭐니?" 푹 끓여진 미역국을 먹고 싶었다. 쌀뜨물에 싱싱한 옥돔과 미역을 넣고 집 간장(조선간장)으로 간을 한 '배지근헌' 뜨거운 국을 한 사발 후후 불며 먹고 나면 세상일이 다 잘 풀릴 것 같다. 그동안 안고 있던 슬픔이나 어려움, 외로움들이 훨훨 날아가고 새로 태어날 것 같다. '소리에 놀라지 않은 사자처럼, 그물에 걸리지 않은 바람처럼, 진흙에 물들지 않은 연꽃처럼 무소의 뿔처럼 뚜벅뚜벅 걸어 이 세상을 거뜬히 헤쳐 나갈 수 있을 것 같았다.

친구 생일 전날 시장에 가 싱싱한 '당일바리' 옥돔 두 마리 샀다. 새벽에 일어나 남아 있는 밥을 놔두고 쌀 새로 씻어 쌀뜨물을 내고 국을 끓였다. 넘치지 않게 냄비 지키고 서서 친구를 위해 기도했다. 중, 고등학교를 함께 다닌 오랜 지란지교다. 잘난 오빠로 인해 친구의 가게가 휘청했다. 오빠를 아버지처럼 의지하고 귀하게 여겼던 친구는 보증도 몇 군데, 현금까지 동원해 오빠를 도왔다. 고스란히 오빠의 빚잔치를 하게 되었다. 웃음이 사라지고 얼굴과 몸은 울상이 되었다. 보목리 바닷가에서 죽음을 몇 번 생각하며 인생이 슬펐단다. 나와 J가 보험대출을 받아 급한 불을 껐다. 다행히 남편도 허리띠를 졸라매며 협조해주었고 갈수록 장사가 잘되었다. 인건비도 아껴 아르바이트 학생만으로 버티었다. 딸들도 엄마의 고생을 아는지 가게를 봐주며 엄마를 쉬게 한다. 살얼음 위 같던 그의 삶은 이제 봄날이 되었다. 생기가 돌아 더 예쁘고 웃음도 많아졌다. 화사하게 꽃처럼 피어나는 그를 보며 기분이 좋았다.

우리는 늘 농담 반 진담 반, 늙으면 산속에 오두막집 짓고 마음 맞는 벗들과 텃밭 만들어 채소 가꾸며, 여행도 다반사로 하고 맛있는 것도 사 먹으며 맛나게 살자며 웃었다. 그때 먹는 비용은 친구가 다 내놓겠다고 호언장담이다. 어려운 때에 도와준 보답을 하겠다는 소리인데 나는 "입만 가지고 있으면 되겠네." 화답한다. 나이 먹어감에 동행이 있다는 것은 참 다행스러운 일이다.

출근하며 국 냄비를 가게에 갖다 주었다. 어쩔 줄 몰라 눈을 동그랗게 뜬다. "생일 선물이야." 내가 멋쩍어 '호호' 웃었다. 이 자그마한 선물로 쉰 번째 생일을 기점으로 더 밝고 씩씩하고 예쁘게 다시 태어나기를 희망해본다. 어느 책에서 '가까운 사람이 때론 천국도 되고 지옥도 됩니다. 상처와 치유, 행복과 불행이 그 안에 있습니다. 가까운 사람이 보낸 눈빛 하나에 하늘을 날기도 하고 그가 던진 말 한마디에 나락으로 떨어지기도 합니다. 가까운 사람끼리 마음을 다해 사랑하고 늘 웃으며 사는 것이 행복입니다.'

물질적으로는 빈곤하지만, 정신적으로는 넉넉한 괜찮은 친구가 되어주고 싶다. 가장 가까이 있는 사람 사이의 '역사적 사명'은 서로 편안함을 주고받는 것이다.

바람처럼 구름처럼

자꾸 생각들이 얽히고설키며 마음이 골방에 갇힌 기분이다. 햇볕을 쬐면서 따뜻한 손길로 어루만져 깊은 숙고로 맑은 혜안을 가지고 싶었다.

옛 현인들이 "말을 배우려면 인간에게 다가가야 한다. 그러나 어떻게 침묵해야 하는지를 깨치려면 산을 따라야 한다."라고 했다. 내 안의 거사를 치르기 위하여 2박 3일 해인사로 들어갔다. 삼천배에 참선하며 제대로 수행정진 후 내 마음 내 뜻대로, 입안의 혀를 잡아둘 때와 자유롭게 풀어줄 때를 정확히 감지할 수 있는 능력을 몇 할 만이라도 사사받을 계획이었다. 이런 마음을 눈치챘는지 하늘은 너무나 높고 청아했다. 그런 하늘에 심심할까 봐 구름이 뭉게뭉게 놀러 나왔다. 고양이 서너 마리 모여 딱 졸기 좋은 햇살과 매화꽃봉오리 간지럼 태우는 바람이 내 귓불까지 침범한다. 마음이 그만 헤퍼지고 말았다. 기분이 우울할 때 맛있는 음식을 먹거나 가벼운 운동을 하고 샤워를 하면 뇌에 도파민이나 세로토닌 분비량이 늘어나 자극이 되어 뇌의 반응을 바꿀 수 있다는데, 그건 우아한 사람들 기분전환이고 나는 바람, 햇살, 구름에 혹하여 취하다 보면 어느새 우울함이 탈출한다. 단순해서 그런 것 같다. 변화를 두려워하는 사람들은 세상에 쓸모 있는 존재가 되고 싶어 하다가 실패하면 늪으로 점점 빠져들고 만다. 도전하지 않는 삶에서 뇌가 무기력해지고 마음이 우울해지면 삶의 목표와 꿈이 명확한 사람들은 스스로 변화하려고 뇌를 활기차게 작동시킬 것이다. 육십이 문전인데 나잇값을 해야 제대로 필요한 사람이 될 것이 아닌가? 마음속에 어떤 선입견이 자리 잡기 시작할 때는 무슨 일이든지 잘 못 처리하기 쉽다. 마음이라는 그릇을 비워줘야 한다. 평생 근심과 걱정에 자신을 두면 참 안타깝다. 드넓고 높은 하늘과 자유자재로 움직이는 구름처럼 여여하고 싶다. 해인사 팔만대장경 목판이 아직도 시퍼렇게 건재할 수 있는 것은 바람의 흐름을 이용한 통풍 때문이다. 마당. 창살, 심지어 처마까지 바람을 도왔다. 하지 오후에 연꽃 모양을 만든다는 장경각 계단에 앉아 한참을 풍경만 보았다. 바람이 놀러 와 어루만져 주어야 청아한 소리로 울림을 낸다. 문득 그런 생각이 들었다. 감정이라는 것이 내 자신이 아니라 내가 쓸 수도 분리할 수도 있는 내 것(?)이라는 것이다. 감정에서 자유로워질 수 있겠다. 잘 쓰면 말이다. 감정과 욕망과 이기심의 파도를 바라볼 수 있는 무심의 눈이 밝아져 내 저울추는 중심을 잃지 말아야 한다. 동료와 마찰로 직장을 그만두고 다른 곳을 물색하고 있었다. 쉽게 자리가 생겼다. 형제, 아들과 의논하니 지금 그만둘 때가 아니라 한다. 왜? 사람 관계는 풀어서 해결해야지 피한다고 끝나는 것이 아님을 목청 높인다. 난관에 봉착했다. 질문과 답이 내 안에 있는데 훌륭하지도 현명하지도 못하여 부신 햇살만 탓했다. 3월부터 교육받고 일 할 준비하라는데 강요당한 사람처럼 좌불안석이다. 좋은 선택은 나만 좋은 것이 아니고 남도 좋고 모두가 좋음으로써 그 선택에 당당해야 한다. 대상포진을 앓은 사람처럼 아팠다. 그리고 결정했다. 후련하다. 하늘로부터 받은 이 생명의 기운을 치유한 기분이다. 순간적으로 뜨거워지는 감정을 다스리며 직장에 몸담는 그 날까지 기쁘게 일할 것이다. 우주가 팔을 벌려 안아준다.

사 건1

모든 일에는 전조가 있다. 예기치 않은 사건 사고가 비일비재하게 일어나는 요즘 '전조'라는 말을 썼다가는 약간 맛이 간 것은 아닐까? 더위 먹어 헛소리하는구나 일축할 수도 있겠다. 작년 남들이 다 하는 감귤 하우스를 시작했다. 내가 나서면 남편은 수수방관할까 봐 측량하고 비닐 집을 짓기까지 모른 체 했다. 묘목 심는 날, 남편은 도움 청해왔다. "간식 만들어 갖다 주면 좋겠는데~."라는 말에 거절 못 하고 드디어 밭을 보게 되었다. 여자의 손길이 없는 구석구석은 무엇부터 치워야 할지 한참을 보다가 담 제대로 쌓아야겠다는 욕심으로 남자 일에 손댔다. 담쌓기는 남자들도 어려운 작업이다. 짝을 맞추며 수시로 살피며 정성을 함께 쌓아야 한다. 작은 일들을 무시하면 큰코 다친다.

엉성하게 쌓아 올린 담들이 옆에까지 합세해 와르르 무너지며 큰 돌 모서리가 엄지발가락 덮쳤다. 순간 넘어지며 '아 죽는구나!' 캄캄해졌다. 왼쪽 엄지 뼈 부서져 쇠를 집어 놓고 수술했다. 병가 내고 병원신세 보름 쉬었다. 엎어진 김에 쉬며 책이나 실컷 읽어야지, 내심 휴가 받은 것처럼 기뻤다. 두 권의 책을 읽으며 나름 '차와 책과 음악이 있어 삶에 생기를 북돋아 주고 나를 녹슬지 않게 거들어 주고 있어 그저 감사할 뿐이다.'라고 기쁨을 느낀 것도 잠깐, 슬슬 무료가 찾아왔다. 그리고 걱정이 끼어들었다. 아침에 눈뜨면 이웃 환자들 가래, 기침, 신음에 쓸모없는 생각 그물에 걸려들려고 한다. 법정 스님의 좋은 글 밑줄 그어놓고 경전 읽듯 힘줘 읽을 때 그분의 메시지가 들리는 것 같았다. '사람에게는 저마다 주어진 상황이 있다. 남과 다르지 않은 그 상황이 곧 그의 삶의 몫이고 또한 과제다. 다른 말로 하면 그의 업이다. 그가 짊어지고 있는 짐이다. 하는 일 없이 지내는 것은 뜻있는 삶이 아니다. 그때 그곳에 할 일이 있기 때문에 그를 그곳에 두고 있다.' 신비한 기운이 스미는 느낌이 있다. 스스로 다독다독해준다. 잘하는 일 없이 허둥지둥 사느라 봄이 온 것도 몰랐다. 성품이 다소 급하여 더 다칠 수 있으니 참되고 고요하게 가질 시간이 필요하여 사고로 나를 진정시킨 모양이다. 몸에 어떤 변화를 주게 된다면 생각과 느낌도 변화하게 된다. 사람도 그냥 나무나 풀잎으로 서서 자연과 말을 나누고 싶을 때가 있다. 운 좋게 창가 옆 침대 사용했다. 길 건너 오래된 벚나무 한 그루가 막 꽃봉오리를 하나둘 터뜨리고 있었다. 시시때때로 달라지는 벚나무 모습은 내게 요염하게 몸짓하고 있는 것이다. 꽃망울이 와르르 터지더니 바람에 살랑살랑 외출이 잦아졌다. 만개하여 쏟아지는 하얀 꽃 세상이었다. 그렇게 꽃을 보다가 잠이 들면 나는 하얀 꽃이 되었다. 꽃잎 다칠세라 자분자분 내리는 비에도 꽃잎은 하늘로 가지 못하고 땅으로 내려앉았다. 그리고 남은 꽃잎들은 왠지 외로웠다. 그 자리에 푸른 잎이 돋아나더니 자고 나면 잎이 푸르러지고 무성해졌다. 아! 아름다움에는 아무런 거리낌도 없어야 하는구나.

"퇴원하며 또 보자."라고 하며 혼자 헤헤 웃었다. 가끔 그 길을 달리며 벚나무와 병원 창을 올려다본다. 잃으면 얻는 것이 있을 것이라는 어른들 말씀 이해된다. 순간순간 다른 모습으로 지금 여기에 살지만 동시에 우리는 영원을 사는 것은 아닐까 싶다. 다치고 아프고 실패하는 안 좋은 것들이 일어나는 것은 미리 더 큰 것을 예방하기 위한 경고 메시지다. 네 주위에 모든 것들을 통해서 길이 다 내게로 연결되어 있어 나를 통해 우주가 말을 하는 것이다.

치유의 접촉이다.

사 건2

「군함도」 첫머리에 소년병 셋이 탈출하다가 한 명은 사살되고 두 명은 그물에 걸린다. 한참 영화를 보다가 사건의 복선이었음을 알았다. 독립투사라는 사람 함정에 모두 속고 있었다. 엉뚱하게도 내 일련의 사고들 무의식 속의 복선은 아니었을까 확신을 그쪽으로 굳히는 나를 발견했다. 직장인에게 주말은 재충전해 주중을 힘차게 보내라는 휴식시간이다. 한여름 주말, 한라봉 유인하는 일로 비자금 비축했다가 여행 가야겠다는 욕심으로 꽉 채웠다. 첫날 사다리에 올라가 유인을 어떻게 하는지 교습받고 실전에 임했다. 6시 반 이른 아침인데도 땀이 비 내리는 듯하고 집중해 나무 한 그루 묶고 땅 위에 있는 줄 알고 발을 내딛는 순간 중심을 잃고 몸은 사다리에 가슴치고 함께 떨어졌다. 순간 숨을 쉴 수가 없었다. 허우적거리는 나를 안고 어머니는 119 외치셨다. 그렇게 119로 서귀포의료원 응급실로 가 폐에 이상 있나 시티촬영에 X-ray 찍고 링거 맞고 이상 없다는 진단받고 왔다. 그날은 긴장 때문인지 괜찮았다. 자고 나니 삭신이 쑤시기 시작했다. 운전 후진에 고개를 돌릴 수 없고, 일어나고 눕고를 무엇인가에 의지해야 겨우 되고 더 힘든 것은 기침할 때는 죽을 맛이었다. 약 먹고 파스 도배 소용없었다. 뼈에 이상 있는 것을 모르나 싶어 열흘 후 열린병원 X-ray 또 촬

영했다. 이상 무. 또 주사에 약 처방받아도 아프기는 여전했다. 아! 가슴의 통증은 덜해지고 옆구리 쪽으로 옮겨가 오른팔 쓰기가 불편해졌다. 이웃들은 나이 들어 날씨 궂으면 거기부터 신호 와 기분 나쁘게 아프니 한약이라도 먹고 빨리 회복하라고 채근이다. 며칠 고민으로 결론 얻었다. 자기관리는 삶의 핵심이다. 스스로 다독이고, 어루만지고, 쓰다듬고 갈고 닦으면서 풍랑을 헤쳐 나가야 한다. 내가 나를 따뜻하게 품어주어야 세상도 나를 따뜻하게 품어줄 것이다. 삶이 나에게 그저 존재하기를 바라는 대로 나 자신을 맡겨볼 일이다. 한약 반제 지어왔다. 해가 되는 음식은 삼가며 열심히 복용 중이다. 요즘 많이 나아졌다. 이십여 일, 몸에서 일어나는 느낌에 충실하려고 했다. 마음도 덩달아 차분해졌다. 전폭적인 격려를 보냈다. 뇌란 놈은 가상과 현실을 뚜렷이 구분하지 못하기 때문에 남이 보내는 지지나 내가 보내는 지지나 똑같은 지지가 되는 것이다. 믿는 만큼 반응하고 기대하는 만큼 부응하는 뇌의 습성이다. 땡볕이 최고조로 몸을 달군 날 심상의 점을 보았다. 유심히 쳐다보시더니 작년과 올해 나쁜 기운이 들어 있어서 그만하기 천만다행으로 복 받은 줄 알라셨다. 장애물 많은 과수원에서 외상이 전혀 없지 그 정도면 가슴뼈가 금 가기 쉬웠을 법인데 타박상으로 일단락된 것은 감사해야 할 일이라는 논리다. 도무지 감사할 일이 없는 것처럼 살아온 것은 아닐까 자신을 돌아보는 계기가 되었다. 심장이 잘 뛰며 태양이 뜨고 계절이 바뀌며 나무들은 한껏 푸르러지고 열매는 영글어가며 주말엔 연꽃 만나러 갈 수 있는 감사함이 무수하다. 감사하는 마음은 배우고 훈련해야 한다. 행복하려면 감사할 수 있어야 한다. 눈앞에 펼쳐지는 무수한 사건 사고들 어떻게 해석하고 어떻게 대처하느냐에 따라 인생은 달라질 수 있다. 자신의 생각과 감정이 나와 상관없이 일어나는 현상이 아니다. 자신이 선택할 수 있는 대상이다. "신이시여! 바라옵건대 제게 바꾸지 못하는 일을 받아들이는 차분함과 바꿀 수 있는 일을 바꾸는 용기와 그 차이를 구분하는 지혜를 주옵소서." 비 온 뒤 상큼함이 온몸을 휘감는다. 내일은 거뜬할 것 같다.

발문

경쾌한 공(空)의 세계와 노닐다

- 이옥자의 수필 세계

경쾌한 공(空)의 세계와 노닐다
- 이옥자의 수필 세계

정훈(문학평론가)

수필 장르가 많은 이들에게 자신의 삶을 반성하고 세상을 보는 안목의 깊이를 더해준다는 사실에 반론을 제기할 사람은 없을 것이다. 시나 소설과는 달리 수필은 인생의 경륜이 쌓인 작가일수록 향과 체취가 진하게 마련이다. 결론을 알 수 없는 지난한 삶의 여정에서 대부분의 사람들이 의문을 품으며 고민하고 갈등하면서 지나가는 이 시공간은 그야말로 수수께끼요, 요지경이다. 그런데 각도를 달리하면, 어차피 주어진 인생이기에 좀 더 보람차고 뜻깊은 삶을 영위할 수가 있다. 비극만이 존재하는 세계라면 가타부타 의논하고 사고할 여지 없이 생지옥이겠으나, 이 세계는 그 어느 섭리자의 계획이었기에 칠정(七情)의 복잡다단한 인생의 풍경들로 가득한가! 사람과 세상이 어우러지는 '세계'라는 숲에서 다행히 길을 잃지 않고 한 걸음씩이나마 앞으로 걸어나갈 수 있는 까닭도, 어쩌면 희망이나 낙관이라는 이름의 여정이 우리를 기다리고 있기 때문일 것이다. 그렇기에 지금까지 수많은 작가들이 작품에서 인간의 생명과 사랑이 품은 고귀한 정신의 가치를 역설하지 않았을까?

즉 생명이 있기에 가시덤불 같은 삶의 길을 보듬으면서 밟고 지나갈 수 있는 것이다.

이옥자의 수필은 바로 이 같은 삶의 낙관적 희망에서 출발한다. 그의 작품에는 계절의 변화에 따르는 작가의 심사(心思)와, 자연이 알록달록한 표정으로 보여주는 세계 환경의 다채로움에 민감하게 반응하는 감성이 어우러진다. 그는 삶과 세계가 선사하는 선물을 하나씩 쓰다듬으며 이를 자신의 거름으로 삼고자 한다. 비관적이고 회의적인 세계인식은 이옥자의 작품에서 찾아보기 힘들다. 이처럼 건강한 세계관을 갖추고 있는 그의 수필세계에서 건져올릴 수 있는 메시지는 무엇일까.

사는 일은 누구나 비탈을 타는 것이다. 따지고 보면 감사해야 할 일이 너무나 많다. 남편과 아이들 건강하고, 시부모님은 비록 병중에 계시나 살아계시고, 친정어머니께서 수시로 살펴주시고, 직장 있어 꼬박꼬박 월급 받고, 과수원도 있고, 졸업이 요원한 학업도 즐겁게 한다. 외로울 때 차를 나눌 친구도 있다. 통장에 잔액 부족으로 몇 만 원의 전기료가 미납되었다는 통보가 오면 바로 돈을 융통해주는 고마운 벗도 있다. 친구 같은 언니도 있고, 언니처럼 챙겨주는 동생들도 있다. 휴일에 한번 제대로 쉬어 본 적이 없지만 억울해하지 않는다. 올해는 좋아하는 오름을 제대로 한번 오른 적이 없다. 토요일 제주시 병원 가노라면 늘어선 차 행렬과 꽃단장해 산행하는 무리들을 보면 부럽기는 한다. 한라산에 피고 지는 꽃들을 그려

보며 나중에 질리도록 가리라 마음에 뜻을 박는 것으로 위안을 삼는다.

-「산다는 것은」 중에서

이 글에서 보는 것처럼 작가는 매사에 소박하고 감사하는 마음가짐으로 삶을 영위한다. 비탈을 타는 신산하고 힘겨운 세상일지라도 자신의 주변을 둘러보면서 행복해할 수 있는 마음자리가 훤하다. 따지고 보면 제아무리 잘나 보이고 남부럽지 않은 부자라고 하더라도 속을 들여다보면 근심거리들이 수두룩할 것이다. 세속에서 성공했다는 사람일수록 남들이 모르는 비밀 같은 슬픔이 있는 법이다. 그 슬픔이나 절망들을 세상 사람들이 알아주고 치켜세우는 사람들에게는 숨기고 싶은 점들이어서 대부분 표면으로 드러내지 않는다. 그런데 작가의 일상과 삶의 편린들에서 엿보는 것처럼, 비록 평범한 삶이더라도 숨길 것 하나 없고 해맑게 살아가는 이에게 절망은 쉬 둥지를 틀기 힘들다. 역경이 닥칠 때 쉽사리 무릎을 꿇지 않고 그 난관을 헤쳐온 사람일수록 이 세상은 밝아 보일 것이다. 작가가 던지는 메시지는 이처럼 작고 소박한 가운데서 생기는 안분지족(安分知足)하는 생에 대한 역설이다.

우주의 모든 것들은 영혼의 창을 가지고 있다. 네가 누구이며, 네가 사랑하는 것이 무엇인지, 네 삶의 소리에 귀 기울이며 네가 평생 하게 될 일이 무엇인지, 그리고 네 삶이 어디로 부르고 있는지 우주의 소리에 마음을 열어야 한다. 표면은 휴식하는 것처럼 보이지만 내년을 준비하기 위하여 모든 것을 내려놓고 빈 나무로 서서 겨울을 이길 준비이다. 아주 사랑스럽게 "잠깐이라도 휴식해!"라고 속삭이며 나무를 안아줬다.

-「꽃을 품은 과일」 중에서

분수에 만족하는 삶의 의식은 그저 생기지 않는다. 이옥자의 수필을 읽으면 그가 자연과 우주가 호흡하는 생명의 리듬에 아주 민감하다는 사실을 확인하게 된다. 사소한 생명체로 보이는 존재라도 그 속에는 우주의 영혼과 맞닿아 있다. 작가가 "우주의 소리에 마음을 열어야 한다."고 말하는 것도 이 점과 관련 있다. 사실 우리는 눈에 보이는 현상들만 보고 함부로 세상을 재단하는 경우가 있다. 과학적인 세계관이 한때 서구 지성계를 지배했던 적이 있지만, 20세기에 접어들면서 과학적인 세계관에 대한 의심과 이에 따르는 다각적인 세계이해로 나아갔다. 이성과 논리에만 치중한 나머지 인간의 자연지배가 가져온 생태학적 재난에 대한 위기의식을 실감한 것이다. 작가가 겨울나무와 대화하는 장면은 나무의 생명성에 들어있는 우주적 호흡을 감지했기 때문이다. 생명에 대한 의식이 생활세계를 바라보는 작가의 인식에 영향을 미친 것이다. 이러한 지점에 닿아있는 작가의식으로 하여금 자신의 처지와 삶의 내용에 만족할 줄 알고, 욕심부리지 않는 소박한 생활태도를 견지하는 작가의 가치관을 이해하게 한다.

네 삶의 그림 어디에 속하는지 많은 세월이 지난 다음에야 알 수 있다고 하였다. 두려움, 분노, 슬픔과 같은 부정적인 감정이 정화되면 내면 깊숙한 곳으로부터 위대하고 아름다운 영혼이 있음을 발견하게 되는 것이라 하였다. 병신년, 나이 먹고 초라해져 밴댕이가 되어가는 나는 만 가지 소리로 가득 찬 마음의 소리를 제대로 듣기 위하여 더 기도하고 정진해야겠다. 잠시만 방심하면 갖가지 게으름과 탐욕, 부패, 절망, 열등감, 분노가 누룩처럼 부풀어 오르지 않게 해야겠다. 얼굴빛을 바르게 하고 이웃에게도 감사하는 마음을 갖도록 늘 좋은 기운을 만들도록 노력할 것이다.

–「입춘대길」 중에서

입춘이 되어 마음을 추스르는 대목이다. 계절의 변화에 따라 사람 또한 자연의 순리에 포섭되기 마련이다. 봄은 만물을 소생케 하는 계절이다. 묵은 때를 벗고 새로운 생명이 도약하는 낌새가 나타나는 때이기도 하다. 여기서 작가는 기도하는 자세를 피력한다. "마음의 소리를 제대로 듣기 위하여 더 기도하고 정진해야겠다." 다짐한다. 사람이 나이가 들면 이전에는 별로 나타나지 않았던 감정의 변화가 드러난다. 물론 다 그런 것은 아니다. 흔히 노욕이라고 하는 것인데, 아마도 나잇살이 주는 어떤 보상심리일 것이다. 그래서 나이 든 사람들이 제 나이만 믿고 함부로 재단하려 들고 고집을 부리는 경우를 종종 목격한다. 작가가 얼핏 나이 듦의 부정적인 속성을 얘기하는 까닭도 아마 작가 자신이 그와 같은, 나이가 들수록 생기는 일반적인 속성들의 형체를 목격했을 가능성 때문일 것이다. 욕심과 분노와 같은 부정적인 감정이 일 때마다 다스리고 추스르는 마음을 채찍질한다. 이는 아마도 이옥자의 불교적 세계관과도 무관하지 않다. 그의 수필 곳곳에 드러나는 종교적인 요소와 심리를 들여다보면, 그에게 인생은 불교적 가르침을 실행하려는 수행의 측면과 삶의 소박하고 건강한 낙관적 세계관을 융합하는 장소이자 시간으로 놓여있음을 알 수 있다. 그렇다고 해서 보살심의 철저한 이행으로까지 성취하려는 의지가 크다고는 보이지 않는데, 그 까닭은 작가가 종교심과 일상심을 조화롭고 균형 있게 엮으려는 마음이 작용했기 때문일 것이다. 이 또한 공부다. 작가가 불교에 빠져들면서 배우고 익힌 의미들을 삶에 적목할 때 생겨나는 여러 가지 정황들을 지켜보면서 터득한 깨달음은 독자들에게 소중한 가치로 다가온다. 가령 다음과 같은 대목을 들 수 있다.

겉모습이란 고정된 실체가 없는 끊임없이 변해가는 과정의 한순간이다. 우리 몸은 근심과 걱정을 놓아줄 때 몸의 딱딱한 것은 다 땅으로 돌아가고, 더운 기운은 불로 돌아가고, 움직이는 기운은 바람으로 돌아가 자연 그 상태로 된다. 기도는 나를 돌아보고 동시에 나의 주변을 돌아보게 하는 시간이다. 우주의 이치들을 마음으로 함께 공유하였다. 공부라는 것은 앉아서만 하는 것이 아니다. 중요한 것은 행위가 아니라 마음자세로 자기 근원에서부터 발심이 나야 하는 것이다. 우리는 한 달에 한 번 만나 천배기도

하였다. 하루 천배에 삼일기도 무사히 회향한 날엔 기쁨이 무엇이든지 얻을 수 있을 것 같았다. 성원 스님도 칭찬해 주셨다.

-「아름다운 동행」 중에서

"겉모습이란 고정된 실체가 없는 끊임없이 변해가는 과정의 한 순간이다."는 말은 불교적 세계관의 표현이다. 모든 것이 허망이요, 허망한 모든 것에 마음을 두거나 집착해서는 안 된다는 뜻이겠다. 굳이 종교를 빌리지 않더라도 삶의 덕목이기도 하다. 작가가 날마다 기도를 하면서 일상적 수행을 하는 목적이 무엇이건 간에, 삶의 올바른 방향을 설정하고 이에 실천으로 옮기려는 모습에서 경건함마저 든다. 그의 수필이 지니는 미덕이다. 수필이 일상에서 사색과 철학적 사고를 하게 된 정신의 경위를 보여주는 문학 갈래인 점을 떠올린다면, 이옥자의 작품들은 이에 딱 들어맞는다. 체험으로 느끼는 생각들은 고스란히 가슴 한구석에 남는다. 이것들이 쌓이고 쌓여서 그 사람의 내면이 형성된다. 문학작품이 작가의 내면을 들여다볼 수 있는 통로라는 점은 잘 알려진 바 그대로다. 특히 수필은 거짓이나 과장 없이 직접 작가의 내면을 확인할 수 있는 갈래라는 점에서 문학 가운데서도 가장 내밀한 장르다. 자기 삶의 형식과 가치가 글을 통해 고스란히 드러난다. 이옥자의 경우 글을 치장하려는 욕심이 없고 담백하게 전달하려는 의도가 읽힌다. 쉽고 깨끗한 글인데, 이는 삶의 경험과 종교적 마음이 서로 긴밀하게 얽히면서 생겨난 체험적 소산이다. 솔직담백한 마음이 잘 드러나는 구절을 보자.

이제 슬슬 모슬 갈 준비해야겠다. 흰쌀 불려 빻아오고 생선도 사다가 널어 꼬들꼬들 말려야지. 빛 고운 귤로 골라 잘 준비해야겠다. 시집간 딸, 병원에 계신 시부모님, 시험공부 하는 아들, 군대 간 막내 훈이의 액막음도 미리 싸 두어야겠다. 올해도 무사함에 내년에도 모두가 평안하고 일이 잘 풀리기를 정성 다하고 싶다. 주체적으로 판단하고 행해야 되는 일까지 심방에게 의존하겠다는 것이 아니라 "신이여! 굽어살펴 편안케 하여주옵소서."이다. 우주와 인생을 바라보는 사유의 틀이라 말하고 싶다.

–「모슬」 중에서

생활의 구체적인 행동과 속내를 솔직하게 드러낸다. 모슬에 가기 전 준비해야 하는 것들을 챙기면서 식구들에게까지 신경을 쓰는 모습이 참으로 아름답다. 이 대목에서 필자는 "신이여! 굽어살펴 편안케 하여주옵소서."에 눈길이 닿는다. 인간이 신이나 절대자에 기대려는 심리는 아마도 그 역사만큼이나 깊고 두터울 것이다. 어떤 종교든 사람은 자신의 힘으로 사태를 해결하기 힘들 때 무한하고 영원하며 절대적인 존재에게 갈구하고 빈다. 인간은 유한하기 때문에 한계가 있다. 이 유한성의 속성이 무한성을 호출하며 기대는 것이다. 그런데 작가는 어떤 문제에 봉착해서 신을 부른 게 아니라 늘 그래왔던 것처럼 자연스럽게 기도를 올린다. 인간이 애써 노력해서 얻어야 하는 측면도 있지만, 작가의 말대로 '주체적으로 판단하고 행해야 되는 일까지 심방에게 의존하겠다는 것이 아니라' 이제나저제나 신이 굽어살피기를 바라는 마음의 표현일 뿐인 것이다. 이 세상의 복락을 구하기 위한 이기적인 기도가 아니다. 이를 '우주와 인생을 바라보는 사유의 틀'이라 적었다. 즉, 인간과 신을 절대적으로 분리하고 구분해서 사고하는 것이 아닌, 두 대상과 두 세계를 총체적이고 종합적으로 합일해서 생각하는 태도가 들어 있다. 늘 염원하고 기도하는 자세가 일상의 세계와 만나는 풍경을 그릴 수 있다.

이옥자의 수필이 삶에 대한 성찰과 건강한 세계관에 바탕을 둔다면, 그 토대에는 어디에도 집착하지 않는 자유로운 마음이 자리 잡고 있다. 작가의 불교적 가치관과도 이어지는 것이기도 하지만, 아마 작가의 성정(性情)과도 관련이 크겠다. 마음이 자유로우면 욕망도 자연히 자유로워진다. 욕망하지 않게 된다는 뜻이 아니라 욕망이 일든 일지 않든 크게 마음 쓰지 않게 된다는 말이다. 그래서 여여한 삶을 살 수 있게 되는 것이다. 세속에 있다 보면 남들이 추구하고 바라는 형식적·물질적인 삶의 방향에 따라 자신도 휩쓸리게 된다. 자신의 마음인 줄 알지만, 사실은 다른 사람들로부터 영향을 받고 촉발될 타인의 마음인 것이다. 이런 간접적인 대상화의 작용으로 사람들 각자 지니고 있는 순수한 마음의 바탕이 헝클어진다.

마음속에 어떤 선입견이 자리 잡기 시작할 때는 무슨 일이든지 잘못 처리하기 쉽다. 마음이라는 그릇을 비워줘야 한다. 평생 근심과 걱정에 자신을 두면 참 안타깝다. 드넓고 높은 하늘과 자유자재로 움직이는 구름처럼 여여하고 싶다. 해인사 팔만대장경 목판이 아직도 시퍼렇게 건재할 수 있는 것은 바람의 흐름을 이용한 통풍 때문이다. 마당, 창살, 심지어 처마까지 바람을 도왔다. 하지 오후에 연꽃 모양을 만든다는 장경각 계단에 앉아 한참을 풍경만 보았다. 바람이 놀러 와 어루만져주어야 청아한 소리로 울림을 낸다. 문득 그런 생각이 들었다. 감정이라는 것이 나 자신이 아니라 내가 쓸 수도 분리할 수도 있는 내 것이라는 것이다. 감정에서 자유로워질 수 있겠다.

–「바람처럼 구름처럼」 중에서

작가도 "마음이라는 그릇을 비워줘야 한다."고 말한다. 모든 것은 마음먹기에 달렸다지만, 또한 마음이라는 굴레에 속박되어서는 안 된다. 그러면 일도 그르칠뿐더러 허상일 뿐인 변화무쌍한 마음의 노예가 되기 십상이다. '감정이라는 것이 내 자신이 아니라 내가 쓸 수도 분리할 수도 있는 내 것이라는' 사실을 깨달을 때만이 비로소 나 자신이 마음을 소유할 수 있게 된다. 마음은 마구니고, 마구니의 헛된 작용이 자신의 본래면목이라고 오인하기 쉽다. 마음을 놓아야 하는 것이다. 이는 방심(放心)이다. 악착스레 쥐면서 놓치지 않으려는 마음의 고집에서 홀가분하게 놓여나야만 진정한 자유에 들 수 있다. 무(無)나 공(空)의 세계가 따로 있는 게 아닐 것이다. 자신을 사로잡는 물질세계가 언젠가는 환상에 지나지 않다는 자각이 있어야 한다. 그렇다면 본래 자기 것이라 믿었던 마음도 실은 자기 것도 아니요, 자기 것이 아닌 것도 아닌 여여한 물건임을 깨닫게 될 것이다. 이는 삶의 길이고 세계를 인식하는 논리이자 철학이다. 이옥자의 수필은 결국 이러한 삶의 방향을 제시한다. 세속의 잡다하고 복잡한 일들과 마주하면서, 그 현실적 번뇌와 고민에 빠지지 않고 현명하게 처신하기 위한 나름의 정신 체계를 잡아내기 위한 기록이다. 여기엔 현실적 삶의 보람을 일구기 위한 마음이 곳곳에 박혀 있다. 욕심부리지 않고 자연과 우주의 질서에 따라 순응하려는 삶의 태도가 돋보인다. 이런 점에서 보면 작가는, 비록 몸은 물질계에 있지만 마음만은 자유자재한 공(空)의 세계에 있는 듯한 착각마저 든다. 저 공의 세계를 노니는 작가의 수필에서, 수필 장르의 특색이자 개성을 보게 된다. 즉 형식에 구애받지 않는 자유로운 글쓰기다. 마음이 현실의 속박에서 놓여나와 자유롭고, 글 또한 형식에 얽매이지 않아 자유롭다. 이번 수필집을 계기로 더욱 높이 비약하는 수필가로 성장했으면 하는 바람을 내비치며 두서없는 발문을 대신하고자 한다.

백무동 골짜기에
아직도
물레방아가 있을까

펴 낸 날 2018년 2월 12일

지 은 이 이옥자
펴 낸 이 최지숙
편집주간 이기성
편집팀장 이윤숙
기획편집 최유윤, 이민선
표지디자인 최유윤
책임마케팅 임용섭
펴 낸 곳 도서출판 생각나눔
출판등록 제 2008-000008호
주 소 서울 마포구 동교로 18길 41, 한경빌딩 2층
전 화 02-325-5100
팩 스 02-325-5101
홈페이지 www.생각나눔.kr
이 메 일 bookmain@think-book.com

• 책값은 표지 뒷면에 표기되어 있습니다.
ISBN 978-89-6489-822-2 (03810)

• 이 도서의 국립중앙도서관 출판 시 도서목록(CIP)은 서지정보유통지원시스템 홈페이지(http://seoji.nl.go.kr)와 국가자료공동목록시스템(http://www.nl.go.kr/kolisnet)에서 이용하실 수 있습니다(CIP제어번호: CIP2018003664).

Copyright © 2018 by 이옥자, All rights reserved.
· 이 책은 저작권법에 따라 보호받는 저작물이므로 무단전재와 복제를 금지합니다.
· 잘못된 책은 구입하신 곳에서 바꾸어 드립니다.